当年的那条河还在，它一直流到今天，还要流向未来。

为孔子一辩

正儒与伪儒

张炜 著

齐鲁书社

· 济南 ·

图书在版编目（CIP）数据

为孔子一辩：正儒与伪儒 / 张炜著. -- 济南：齐鲁书社, 2025.4. -- ISBN 978-7-5333-5226-4

Ⅰ. I267

中国国家版本馆CIP数据核字第2025PM6075号

出 品 人　王　路
责任编辑　许允龙
装帧设计　刘羽珂

为孔子一辩 正儒与伪儒
WEI KONGZI YIBIAN ZHENGRU YU WEIRU

张炜　著

主管单位	山东出版传媒股份有限公司
出版发行	齐鲁书社
社　　址	济南市市中区舜耕路517号
邮　　编	250003
网　　址	www.qlss.cn
电子邮箱	qilupress@126.com
营销中心	（0531）82098521　82098519　82098517
印　　刷	山东华立印务有限公司
开　　本	880mm×1230mm　1/32
印　　张	5.5
插　　页	2
字　　数	80千
版　　次	2025年4月第1版
印　　次	2025年4月第1次印刷
印　　数	1—50000
标准书号	ISBN 978-7-5333-5226-4
定　　价	48.00元

目　录

圣人何须辩

"为孔子一辩"之说，初看多余且有点可笑。因为孔子已经是圣人了，从古至今有过无限诠释，该说的话不仅说透了，而且重复万千，何须一辩？

是的，正因为如此，才需要一辩。我们都知道物极必反的道理：一人成圣，受到最大推崇，就一定会受到最大反对。这两种力量形成对冲，结果是七零八落，最后复杂到一言难尽，让人不知怎么办才好。

具体来说，起码有下面几个理由要讲一讲。

首先是孔子离我们实在太远了，留下的真实可靠的记录本来就不多，再加上古简晦涩，要确定指认就更加困难。比如得到一致确认的儒家第一经典《论语》，这部由孔子弟子、后学编成的对话录，区区万余言，几千年来围绕它的言说文字却汗牛充栋。这么多不尽相同的观点，无数的延伸、开发和辨析，我们该怎样梳理和采信？

原典可供解释的空间越大，衍生的余地就越大，不同的解释者因为不同的学养、立场和心术，会得出大相径庭的结论。不同的人和不同的阶层，出于不同的目的，都在作出自己的解释，这是难免的。

几千年来，总的来看，知识人对孔子的推崇多于贬抑；统治者对孔子的借重和肯定更不需多言。从大的方面看，知识人和统治者对孔子全都给予拥赞，但二者的指向和用心，许多时候并不一致。知识人虽然成分复杂，大致上还是侧重学问与道德；统治者的见识与胸襟各有不同，但总体上还是为了巩固自己的统治。

知识人致力于孔子的学问，为了得到公权力的支持，经常突出解释有利于权力的一面，这就让统治者听得入心，然后加以采纳。这时至少从表面上看，知识人与统治者是想到了一起的。

学术有了公权力的支持，声音就变得强大。但事已至此，这会儿的"孔子"就不是原来的"孔子"了。

"孔子"作为公权力的一部分，成为王权统治的一件法器，受压迫的被统治者当然是反感甚至愤恨的。这就有了几千年演化出来的另一条线索：反孔。反孔的目的是破除精神枷锁，进而推翻奴役和统治，那么一旦达到了目的，还会继续反孔吗？那就不一定了，一般来说要视情况而定。总的来说，新的统治者会往尊孔的方向发展。

就民众而言，孔子及其学说是偏向仁恕和保守的，也就不再深究，尊崇无害。

由此可见，"尊孔"是千百年来积累而成的、巨大的文化与社会潮流，一路涌荡下去，一直到了今天：数字时代。

这是一个后现代、后工业的信息时代。这个时代的基本特征是解放的、科技的，是偏向激进和面向未来的。于是，现代人特别是年轻人，虽然满耳都是"孔子"二字，听得两耳生茧，内心里对孔子其实是并不重视的，甚至有些不屑。

他们不相信孔子，不读且"不以为意"：儒学？不就是那一套嘛。

到底是哪一套，却没人细究。无比匆忙的数字时代，人们实在是太忙太累了，各种信息压迫让人几近崩溃，谁还有时间有心情去过青灯黄卷的生活、深入儒学特别是"孔子"的内部，探求他的本质？

只凭印象就可以了，固有的形象已经确定，主体认知早就完成：孔子属于反对现代的保守势力，是讲究秩序、维护等级、阻碍改革和进步的人物。这样的一个历史人物，今天如果不是出于特殊原因，不是另有所图，谁又会继承和践行他的思想？

真的是这样吗？

现代人是不是搞错了？

如果错了，又错在哪里，疏失了什么？

读者的逆向影响

孔子既已封圣，几千年来对后人的影响是无与伦比的，这是不争的事实。哪一个中国人的血液里没有或多或少的儒学因子？这样讲，不过是在说一个显而易见的事实。但是很少有人强调另一个事实，那就是作为读者，他们对孔子的逆向影响、这种影响又有多么大。

孔子本人的影响再大，他也只是一个人而已，可他身后的读者却是无边无际的。一个人对无数人，当然是无数人影响更大。也就是说，一代代读者深深地影响了孔子、改变了孔子。

这正是我们要讨论的重点。

我们心目中的孔子，其实并不是真正的孔子，而是在阅读中不断传播、不断变化和不断生成的"新孔子"。这个"新孔子"的演变还在继续。

就作者和读者的关系而言，在所有人那里都是相同的道理。一个人的著作被阅读，那么从阅读发生的这一刻起，这部著作就开始发生改变。也就是说，一本书的存在，读与不读是不一样的，只有阅读才能唤醒它的生命；同时，每个读者都将自己的生命因子弥漫和附加到字里行间，衍生出新的元素。无论是有意还是无意，这种类似化学演变的情况都在发生。

说到孔子，他的读者更多，经历阅读的时间更长，那么产生的逆向影响也就更大。任何人读他的著作都会有印象、有见解，有自己大大小小的结论。有的人有能力将这一切加以综合，系统地说出个人的意见，而有的人不能。能够说出的，我们可以称之为"大读者"；不能说出的，我们不妨看成一般的读者，即"小读者"。

"大读者"很多，如人们耳熟能详的孟子、董仲舒、韩愈、周敦颐、张载、二程（程颢、程颐）、朱熹、陆九渊、王阳明，一路数来还有许多。这些人有著作，有弟子，他们的解读，传播广泛而且深远。更多的读者没有专门的著作，只是翻一翻，顶多相互议论一番。"大读者"立言，"小读者"走心，他们加在一起，历经了漫长的时间，也就极大地影响和改变了孔子。

后人透过茫茫人海，穿过他们汇成的声音的海洋去寻找孔子，当然是非常困难的。这些声音时而嘈杂混乱，时而众口一词，远在源头的孔子也就"百口莫辩"了。谁能够、谁又在乎听闻一个真实的孔子？

非常倔强的人总是有的，几千年来，有人不知做出了多少努力，一定要找到、要接近，指认一个真正的孔子。这样的孔子，我们称之为"正儒"；反过来，因为种种原因被歪曲和误识的孔子，可称之为"伪儒"。"正""伪"之辨，贯穿了整个儒学。

从绝对意义上讲，百分之百的"真孔子"是没有的，相对而言的"真孔子"是存在的，这已经算是我们心目中的"正儒"了。由"正"而"伪"的过程，是需要好好研究好好辨析的。这样一来，就要耗掉现代人最宝贵的东西：时间和耐心。

"伪儒"的产生，许多时候是有人故意为之；但也有另一种情况，那就是人云亦云；或者心诚不灵，在认真寻觅的道路上不自觉地走偏了。这都在所难免。一些为统治者效力的知识人，他们会仔细排除对上不利的"孔子"，专门择取可供统治者所用的"孔子"。而统治者本身，只会倾心推动制造"伪儒"的行动，他们对学术本身没什么兴趣、对孔子没什么兴趣，只对怎样使用学术和孔子大有兴趣。

一般的读者不受切身利益的牵扯和左右，能够不偏不倚地读到真实的孔子吗？也很难。这里还有一个能力的问题。拂开各种干扰，包括那些"大读者"的声音，也就只能靠自己了。可是要具备这样的辨析力、眼力，却不是一件容易的事。人们离开现场的时间太久了，无法望到那么远。

读取是困难的。随着时间的推移，语言方式发生了改变，古人对物事的命名称谓，更有其他种种，都与后来不同了。还有古人书写工具的不便，造成书面语的极度简约，这就让现代人读来觉得语焉不详。我们了解孔子，主要还是倚仗一部《论语》。秦汉之后形成的记录散见于一些书中，数量不够多，也不足以采信，大多充满争议。

孔子远在春秋，身影实在模糊，许多时候只能供人猜想。

即便是《论语》这部原典，后人理解中的局部争执也有很多。曲解、选择、强调、引申、转借、挪移，这些情形比比皆是。有时从局部看，某种解释并无大错，但统观全局就不一定了；那些从某个方向突出和放大的部分，常常对完整的全面的孔子造成遮蔽。

孔子的言说既是时代的，也是东方的，属于更多的感觉主义和经验主义。道德与伦理的知识化科学化需要表述的完整链条，但《论语》已经建立的内在逻辑与理性关系，是十分确凿和坚实的。

古往今来，那些"大读者"对孔子有过许多杰出的论述，可是他们也有自己的侧重，有学术偏好，甚至有私心，有借此立言的"大志"。这一切都会有负面效果，成为求真的障碍。另一些诠释"大读者"的文字更是等而下之，它们会走得更远。每个学派都繁衍出一群，弟子后面仍有弟子。

学问一定有时代的印记，为时代所需。背时的学问是不受欢迎的，也难以存活。但是，应时的学问虽然痛快，也更易接受，可是与求真求深的宗旨一定是大相抵触的。

每个时期的儒学研究大都为了"致用"，这既可理解，又让人担忧。越来越没人做"没用"的学问，就会使学问偏向庸俗和虚伪。我们所警惕和厌烦的"伪儒"，在很大程度上就是这样积累而成的。

"文章合为时而著"，这句话已成定论，对它的正确性却少有怀疑。如果都为了"合为时"，谁又来发出独立于世的耿耿之音呢？再问一句，只"合"于一"时"而有违于长久，这种"合"难道不是一种短视吗？

关于现代性转化

现代儒学研究进入20世纪20年代之后，强调"现代性转化"的声音增强了。"新儒学"为此做出了极大努力，可以说用心良苦，效果显著。从何发端、怎么"转化"？当然首先是认识到它原来就存在的"现代"部分，由此强化和提取，然后再融入现代。如果没有确认、没有认识到孔子的"现代"部分，只急于让其"转化"、为"现代"所用，这与历代的功利主义儒学有什么区别？

牵强附会，挪移借用，无非是沿袭那样的旧路。

"现代性转化"，这是一句没有厘清是非的含混之论。这里的重点只应该是"现代"，而不能是"转化"。它原本就有的元素，只需要指认和确定，而不需要"转化"。

事实上，只有一个现代人，才能看到一个现代的孔子。

几千年前的孔子，他的学说之中包含了"现代"元素吗？这才是问题的核心。如果不能确认，只想着怎样"转化"和"使用"，就是一种功利主义，就会做出可疑的、软弱无力的学问。"古为今用"，这不是今天的人才有的聪明，而是人人都想从"古"借力，本性如此。

想一想过去那些历代大儒，也就是前面说的"大读者"，他们做过的事情是相当了不起的，当年的"致用"之学，我们今天重复去做，也不见得能超过他们。但是细读那些著作，会发现它们除了"合为时"，除了使用，还有更多的学问功底和求真的诚实。也就是说，彻底排除功利主义虽不可能，却要尽到最大的努力，这就是为学的基础了。这也是一个及格线。

从董仲舒到二程，再到朱熹、王阳明诸儒，他们其实都在做一个工作，那就是"转化"。这原本是历代知识人的本职工作，并无新意。现代人真要超越他们，是很难的。欲要有所进步，应该从哪里着手？可能还是从非功利性这里。

儒学既是入世的学问，那么儒学研究就一定要入世，好像这才符合儒学的精神，才算得其精髓。可是这种"合为时"的"入世"，与孔子当年的根本追求一定是背道而驰的。今天，"入世"不等于追随时世的牵强附会，而是不顾功利得失的个人恪守。这种不可迁移的原则，才是真正的现代"入世"精神。

说到"现代性"，儒学有吗？换一个说法，如果不对其加以改造和嫁接，不做引喻和延伸，儒学本身有"现代性"吗？

这才是致命一问。

如果原本没有，任何改造和延伸都是徒劳的；而如果原本就有，那么只需将其拎出来，摆到明处和亮处就好了。我们今天要做的事情，不就是这么单纯吗？

再问一遍，孔子的学说，严格讲就是一部《论语》，它有没有"现代性"的元素？

如果有，是其主要的部分、重要的部分，还是仅仅为一点萌芽和因子？

如上之问都很关键。我们今天的人的确无法回避。说白了，孔子的伟大与否，全在于"有""否"之鉴。有就是有，没有就是没有；或者准确点说，其中的主要部分、核心部分，有没有"现代性"？这才是我们必须面对的。如果没有，仅仅靠我们去"转化"，即便费尽心思，巧舌如簧，也还是无济于事。

一些压倒性的顽固见解是，孔子是一个守旧人物，一般来说只能是"现代性"的反面，是与变革和前进对立的人物。从这样的人物身上挖掘"现代性"，那一定是徒劳的，所以除了用力"转化"，将没有任何办法。

这好像言之有理。但是换一个思路和角度，我们也可以这样问：一种学说、一个人物，历时几千年而不朽，并且总是处于讨论的中心，被历史和学术念念不忘，一直走到现代，不肯退场，它会没有"现代性"因素？如果有，它又是怎样被悉数剔除或完全规避的？这样一想，也就释然了。剩下的问题只有一个，那就是如何指认了。

关于儒学，在这里想借用一下俄国文学家托尔斯泰《安娜·卡列尼娜》那句著名的开头："幸福的家庭都是相似的，不幸的家庭各有各的不幸。"古今中外，所有民族中最好的东西都是相似的，而不好的东西则各有各的不好。这里的"最好的东西"，主要指思想品质及其影响下的情感和行为。

儒学中"最好的东西"，与世界其他民族都是相通的、相似的。它们在言说时，表达的言辞与习惯可能是不同的，但深处含纳的原理则是一致的。也正是因为这种一致性，才决定了它的价值、它的地位，特别是它的现代属性。

我们思考问题，常常习惯于将东西方对立起来，将古今对立起来。实际上人类"最好的东西"，在不同的时空中都有一些相通处、相同处。这才是需要我们好好面对和珍视的部分。

就思想来说，什么是"现代性"？这是一个看起来很复杂的学术问题，实际上却是一个朴素的认知问题。能够通向未来、有利于生存与进步的思想，就是现代的，反之则是反现代的。"现代性"不是形式，而是内在品质。"现代性"不是什么符号，更不是什么色彩，而是能够在时间中接受检验的真实原理，是通向完整与合理的向前的路径，是保证理性与自由的福祉本身。从根本上来讲，它不是一个学术系统，不是一个流派，也不是一个时期和阶段的划分标志。貌似的"新"，有可能是最陈旧、最腐朽的东西，与未来的方向是相反的。

这与我们通常给艺术和学术命名的"现代"，还不是一回事。这里的"现代"，不是"古典"的对立物，相反，我们更应强调这样的认知："古典"中蕴含了"现代"，而最时新的表达中，却可能包裹了极为陈旧之物。

思想和认知的现代性，是在时间向度上的不断求知，是积累，是递进。原有的"现代性"需要不断证明，而新生的"反现代性"也将受到否定。也就是在这个意义上，我们肯定了儒学的"现代性"，并且由局部到主体、由偶然闪现的倾向到大的指向。这是一条朴素的认识路径。

我们说到儒学的"现代性",既不是指它字里行间的闪烁,也不是说它含有的某些因素,而是指它的主体部分、总的思想方向。

既然儒学原本就有"现代性"的蕴含,我们又为什么要努力地、千方百计地去"转化"它呢?这种"转化"的目的是什么?结果又是什么?

儒学的核心

谈到一种思想、一种学说和论述，还要区别原典和衍生的不同。《论语》形成于春秋，孔子身后发展起来的庞大思想体系，堆积而成的"儒学"，不能由他负起全部的责任。弟子和传人相加起来实在是太多了，比如孟子这样的伟大传人，其学说也不能全部代表孔子，更不要说董（仲舒）、周（敦颐）、张（载）、程（颢、颐）、朱（熹）、王（阳明）这些人了。

我们这里讲的儒学原典，大致只限定于儒学创始人孔子"自己的著作"，主要是《论语》。古典中记载的有关孔子的言行事迹，较早的有《左传》《国语》

《礼记》《庄子》《孟子》《荀子》等，再晚一些的有《史记》等。某些关于孔子言行的记述也可参照，但有的并不可信，因为气息不合。气息是著作的指纹。

《论语》是儒学原典，是最大的依据。认知孔子，继承学问的方法，并不是将更多的文字堆到他的名下，而是做到进一步精准。物极必反，多就是少。一部简约精确而又深意蕴藏的弟子、后学的记录，应是考察和研读的根本。移动这个根本是需要非常小心的。

孔子的思想核心是什么？确立了这个核心，儒学才有核心，也才有接下来做出主体判断的可能。通读《论语》，我们会说，它的核心是一个"仁"字。孔子围绕这个"仁"字解释和衡量诸多事物，发出论断。他的行为的记录，也大致指向了这个"仁"字，是关于它的具体实践。一句话，"仁"就是核心：从它出发，证明它，走向它，为了它，成全它。孔子一生主要做了一件事，就是实践和探究这个"仁"字，怎样去落实。

什么是"仁"？他在不同场合都提到了它，说法不尽相同。《论语》中大约言说了一百余次"仁"，作为一个概念，要确定下来好像非常费力。孔子要说得明白，不得不做出很多比喻，绕不少圈子，常常需要就事论事，一次又一次解释到底怎样才是"仁"、才算得上"仁"。我们读多了，有时反而产生犹疑，觉得"仁"字太深奥太复杂，难以给出定论。

最接近的一个说法是："仁者爱人。"

"爱"和"爱人"，这就是"仁"。面对不同的场合、不同的事件、不同的提问，都有一个怎样做、怎样回答才是"仁"的问题。有时候孔子如此论说这个"仁"字，换一个场合又有另说，似乎有些冲突，有些矛盾。这是因为语境变了、对象变了，要说明的道理也深远曲折，难免有些困难。比如他对齐国相国管仲的一些做法，曾有不留情面的批评，说这个人"不知礼"，可是转而又说他"仁"。孔子的批评是对的，从大的方面加以肯定也是对的，因为从长远的目标及结果上看，管仲对人是施以"仁爱"的。类似的情形还有很多。

不管孔子对"仁"有多少解释，也总是不离"爱人"：对人的爱惜、怜悯和同情，生存的自由，愉快、富足和幸福。为了这个目的、奔向这个结果，就是"爱人"了。正因为"爱人"是十分具体的，不是抽象的，所以面临一些眼前的事物，孔子需要不厌其烦地做出解释。事物是不同的，解释也就很费言辞了。

有人会觉得，这是什么大学问？这里既无深邃的体系，也无堂皇的辞章，这就成了千古儒学？

是的。一个看似简单的目标，要走向它落实它，极有可能是遥远漫长到不可思议。要说明这个目标尚且困难，要在行动上、在具体事物上一一对榫，那更是需要极度的清醒和强大的意志。从言说再到行为的总和，这些相加，就是一门深邃的大学问了。

大学问的核心都是质朴的。比如"爱"和"爱人"，我们谁会感到陌生和抵触？更不会觉得遥不可及的晦涩。但是一旦回到特定的时间和生活的细节中，怎样做才算"爱"和"爱人"，那又极可能变得曲折烦琐。

日常中的短视，还有欺骗，都会以"爱"的面目出现。

消除这些假象，拨开这些迷雾，一步一步坚韧地往前移动，百折不挠，不就是孔子和他的儒学吗？

孔子是人而不是神，他是一个探索者，当然会有局限，会犯错误。我们需要关心的是他思想和探究的核心是什么，是不是一位狡辩者，是不是一个诚实的人。我们通读他的言与行，理解和感受这个人以及学说，终究会发现他想做什么、已经做过了什么。

他始终如一地奔向一个目标的恒心、他的探索心、他既不自欺也不欺人的朴素、他的"爱人"，这一切深深地感动了我们。这种学问的魅力，来自人的魅力。

他的终极目标与帝王不相容，与虚伪不相容，与世俗机心也不相容。所以他有很多显在的和潜在的敌人。他的敌人发现他最终是不可战胜的，就使用了另一种方法：阉割和改造他、扭曲他，使他变形。这样做的结果，千百年下来，就让他成为渴望解放的奴隶们的对立物，成为一个令人厌弃的人。

"爱"与"爱人"的论说体现了东方文化的特征，感性与理性、感觉与思维，有待从逻辑的意义上完成论述，形成道德和知识的统一，不然就容易变成一种善意的、模糊的劝诫。这种不断地重复和强调、无休无止地劝说和推崇，连同言说者本人，常常走向了反面。人们从不再相信开始，发展到讥笑，再到疏远和厌烦。

爱是多大的冒犯

　　以"爱"和"爱人"为核心，这是多么平和、多么易懂的学说，谁又会公然反对？

　　是的，抽象的"爱"，作为一般的说辞去号召去渲染，不光不具有侵犯性，还能博得很多好感。但是，一旦将"爱"和"爱人"真正地施于生活，处处变得认真起来，带来的麻烦就大了。

　　因为春秋时代是一个丛林世界，说到底是由狠人统治的。狠人获得和管理这个世界的方法，无非就是杀戮和掠夺，这没有什么可怀疑的。他们哪有什么怜悯和爱惜。不仅是春秋，在一切丛林之地，这样的生存法则都是不会改变的。

对专制王权说"爱"和"爱人",这显然是最大的冒犯。仅仅是说一说倒还好,如果在他们眼前真的实施起来,有一些细致的步骤和方法,那简直就是找死。孔子一生都因此而面临生死之险,他是靠了极大的克制和生存智慧才活下来的。"伴君如伴虎",孔子一生伴虎,这些他当然知道。

不仅是孔子,儒学的弟子们,一些忠实的后来者,只要称得上"正儒"的,无不是这样的命运。那些强韧的入世者常常像孔子一样,"知其不可而为之",结果也就一次次大难临头,如董仲舒、韩愈、苏东坡,还有很多,都险遭杀戮。这些人后来也学先师孔子那样,有所规避,好汉不吃眼前亏,这才勉强存活下来,做一些力所能及的事情。

"爱"和"爱人",说到底与专制王权是水火不容的。

强权者真正的顽敌其实只有一个,那就是"爱"和"爱人"者。

　　"儒学"的核心既是这样，它与强权也就是不共戴天的关系了。可残酷的现实是，从长远来看，它们之间谁也消灭不了谁，于是就得想办法共处。王权专制集团想出的方法是改造和歪曲"儒学"，而"儒学"想出的办法是哄骗强权，声东击西，伪装自己。这二者从某种意义上说、从表面上看，好像是在"相向而行"，于是作为旁观者的大众也就给搞糊涂了。

　　千百年来，儒学被这样严重地污名化、有效地曲解和阉割，可以说它自身也有责任。也就是说，"儒学"并不是无辜的。它的继承者为了生存，不得不做出许多妥协，这是没有办法的事，也是可惜的。"伪儒"的形成，有强权者硬性强扭和使用的原因，也有大儒们自己的屈从和迁就，由他们的机会主义心态所致。

　　"爱人"即对人的爱惜与呵护，与它对立的另一个极端就是杀伐。我们知道人的生命只有一次，生命才是最可宝贵的。看专制强权的残暴程度，沉重的税赋、苦役、严厉的辖制，这些都是判断指标；还有最直接、最简明的量化指标，那就是杀戮记录。大开杀戒，无论有多么堂皇的借口和理由，都掩盖不了极端残暴的嗜血本质。

孔子所处的时代是怎样的？君王野蛮残忍，民众如草芥蝼蚁。君王去世，奴隶殉葬。在这样鲜血淋漓的"语境"中奢谈"爱人"，会是多么刺耳。这究竟需要多大勇气，也就可想而知了。我们不难想象，专制者最想剪除的，就是不停地宣扬"仁者爱人"的人。

只要言不离"爱"和"爱人"，那么对王权专制者就已经不是劝说了，而是一种挑衅，是发泄，是揭露，更是仇恨和诅咒。这等于告诉整个社会，人的生存权与专制王权是势不两立的。关于"爱"和"爱人"，一旦进入生活细节的维护和强调，对暴政集团就是一种无处不在、无时不在的反抗。

春秋战国时代，尤其不适合谈"爱"和"爱人"。从本质上看，这个话题是极为忌惮的。孔子能活下来就是一种万幸，他要在君王的支持下推行"仁治"，想想看会有多么难。所以他当年处处碰壁就是自然而然的事情了。他最后能够毫发无损地回到老家，做一些学术工作度过一生，已经算是难得的善终了。

孔子毕竟有贵族身份，有知识有名望，这在当时都是存活下来的条件。他小心地使用这些条件，然后就开始了自己的冒险生涯。他的一生是不断遭遇危险的一生，也是不断挑战的一生。他已经在全力抓住机会了，而且不可能做得更好了。

孔子和他的众弟子有身份与学问的掩护，这让他们在鲁国和其他国家有一些活动的空间，有一定的"市场"。其中的原因主要还在于另一方面，即他们所倡导的以"爱"为核心的学说，在人心与社会引起的普遍共鸣。人性是共通的，大众无论多么低微多么无知，"爱"作为一种语言，感召力和通用性还是最强的。人们都能听得懂，这就有了向往和共情。这种人性中普遍存在的共情力，最终保护了"儒学"。

君王们要公开否定"爱人"说，也需要三思而行，有所忌惮。君王们一边与儒者周旋和敷衍，一边想办法"转化"。那时还不是"现代性转化"，但根本的用意，仍旧是差不多的。

晦涩的保守主义

孔子从古至今，有一个很难改变的公认的品质，就是他的"保守主义"。没有人在这一点上为他翻案，因为事实就是如此。他极为讲究规则、等级和礼法，比如那句有名的"君君臣臣父父子子"，就讲得明白。他对周公的怀念，对恢复周礼的念念不忘，给人留下了最深的印象。作为一个倒退者，而不是前进者的形象，就这样给固定下来。

这是他的不幸，也是他的大幸。

因为没有这样的确认，他就成了一个不加掩饰的挑战者。维护等级秩序，不得犯上，上也就喜欢了。最大的不幸之处，在于这种保守主义的晦涩，它将引起无数的、长期的误读。比误读更不幸的，是围绕它所形成的坚硬的逻辑：对王权体制与规则，从理论到实践的双重维护。而且这种维护具有可操作性，并且毫无悬念地被一代代统治者所借用和强化。

维护等级的尊严，许多时候就是维护权力本位，这与他在另一些语境中强调的人性、自由与舒放，就形成了矛盾和对冲。正因为公权力的强制覆盖，一种最强音也就形成了：以君王为象征的权力是不可侵犯的。在国家和家庭诸多方面，都有本位存在，这就有了秩序，社会生活得以运转。

专制王权统治如果丢弃了儒学的这个理论框架，那就太愚蠢了。当然这是不可能的，他们没有那么迟钝。所以千百年来孔子成圣，除了历代大儒接续努力的原因，还有官家的确定。要固化统治，必须将整个社会置于思想的严密辖制之中。

看上去，这就是保守主义的致命伤。

要为孔子的保守主义翻案是很难的，其中涉及的问题实在太多了，即便写成皇皇巨著也嫌不够。但扼要论述，就一定要回到它发生发展的特定时空中，只有这样才能还原本色，有稍稍客观的理解。

凡要谈论和追究一种语义、它的本源，就必须回到当时的语境中。为什么这样说而不那样说，其中必有缘由、有指向、有重点、有针对、有目的。同样的一句话，换了时间换了场合，意思就可能大为不同了。孔子那时候的保守之论离我们越来越远，要讲清它，还原本意，是极其困难的一件事。时过境迁，它已经变得十分晦涩了，弄不好会越说越糊涂，走到反面。

春秋之乱，远不是"礼坏乐崩"这四个字所能概括的。这只说了它在礼法上的表现，更大的混乱还在礼法下边。礼法既是大事，又是小事。孔子看重礼法，一意遵循周礼，是因为他看到了它的表象之下，是现实中发生的掠夺与苦难。另外，由礼法进入讨论，在当时还是可以容忍的皮毛之议，不至招致现实层面的尖锐冲撞，从而避免更大的危险。

那个野蛮的对决时期，恰好是各种势力崛起的机缘，杀伐最巨，劳民涂炭。这些案例在可靠的史实记录中俯拾皆是。我们耳熟能详的史论，通常总是强调某一阶级的兴起、历史进步的必然，由此绘出一道线性轨迹。这其实是一种机械和皮相之议，不谈细节，不谈苦难，漠视绝对的生命死灭。他们最喜欢"摧枯拉朽"这个词，让立场服从强势。

他们歌颂春秋时代地主阶级的兴起，所谓新的阶级、新的时代。既然是"新"，其他也就不再追究不再讨论。可是无论何时，具体生存者一定是活在自己的时空里，一切血泪都要他们承受，这些绝不是超然高蹈的历史主义者所能兼顾和理解的。

孔子是一个承受者和目击者，他不能闭上双眼视而不见。面对这一切做出怎样的回答，正是切实的道德与良知的检验。他是否真的"爱人"，儒学是否真的以此为核心，全都包含在这种回答和选择之中。

孔子比较不相信暴力，虽然他并非反对一切暴力。他曾经主导的"堕三都"的力举，就是诉诸暴力。但统观起来，他更相信改良。他不反对变革，却看重秩序。

因为许多时候的失序，对应的就是无理性的暴力，被践踏的只能是草芥，即民众。这与"仁"的目标产生了最大背离。

社会相对安定，民众才能正常生存喘息，获得舒畅与自由的最大化，这正是选择的前提。孔子主张恢复周礼，克己复礼，不断地梦见周公，固执地从匡正礼法入手，反对一切僭越的行为。这在当时一定是愚顽吗？不，更有可能是相对的理性和仁慈，是为了更有效地变革。

面对强悍的鲁国"三桓"，他不曾有嗜新之癖和畏新之怯，而是阻止和进击，努力做出改变。他不光在理念上坚持，而且在实践上尽力，这可以从他做司寇和"摄行相事"后的一系列作为得到证实。他的所谓"保守"，其实是充满了进取的勇气和理性的。

孔子保守主义理念的践行，让我们想起一些著名的西方保守主义人物，如托克维尔和库克等人。这是一些更清醒的、有定力的理性主义者，他们不曾被潮流裹挟，而是冷静地权衡和选择。他们的贡献已被历史认定。然而到了孔子这里，直到今天，一切还远没有那么明晰，指斥他倒退和守旧的声音仍然强大。

　　暴力是痛快的，但是谁也不愿回到暴力时代。

　　保守饱受诟病，却能够保护和守卫人的生存。

为何述而不作

孔子最有名的话之一，就是"述而不作"。这句话的意思是只解释已有的思想和事物，而不加以个人的发挥和创造，多么谨慎和自谦。这到底是真话，还是一种策略？

我们可以从多方面去理解和认识。

从中外变革的历史中，我们会发现一个有趣的现象，就是那些努力推进改造现实的人物，最愿意提倡"复古"。远在西方的有意大利的文艺复兴运动，近在中国的有唐宋古文运动。在他们口中，返古复古既是一个口号，又有真实的内容：学习早已有之的好东西，改造当下不好的东西。就这样，一场剧烈的变革在人们满怀深情的怀旧中展开了。

过去的时光，其中的确有大可总结的经验，有榜样有范例。但是照搬过去是不可能的，因为时光的河床流到了现在，老经验老典型提供的往往只是一条路径，内容仍属过去；它们贡献给当下的，更多的还是变革的理由和勇气。于是改造现实就成了运动的主流。这几乎没有例外。

孔子的"述"，既是重复过去，也是类似的光鲜借口，是为了把变革的道理讲得更清楚、更入耳入心罢了。他既然要"述"，就一定要"作"，因为这是无法回避的。好好总结过去，目的还是落在当下，这是古今中外所有保守主义者的基本特征。

他们首先要努力告诉世人：今天所做的事情，不过是重复昨天，是最成功的那条道路的延续。所以这等于说，这样的道路才是最不冒险最可信赖的，因为它已经被时间证明过了。事实就是如此，没有被验证过的事物总是令人担心的，特别是选择生活方式这种大事，是丝毫莽撞不得的。

创造新事物的快意是人人都有的，它的私人性质很强，一旦运用到公共生活当中，就相当冒险了。个人快意的"作品"，不能强迫民众去参与，民众一旦做了这种创作的材料和道具，就会留下满地狼藉。中外历史中，这样的例子举不胜举。

君王克制社会生活中的个人创造欲，是一种难得的公务品质。这个道理从古到今都是一样的。孔子一再地申明不创造、只复述，正是一种了不起的文化与政治恪守。从这个意义上看，这更像是一种理性、一种操守、一种品格，而不是策略。

他要面对的是眼前的难题，解决时下的问题。每一道题既难又新，绝不是僵死的过去。所以，只要真诚认真地做下去，拿出办法和勇气，有十分具体的针对性，这个过程就一定包含了不断的创造、不断的发挥，就有个人智勇的应用。"复古"和"不作"，这只是大的参照和原则，一旦着手料理实务，创造也就发生了，而且难以停止。因为想不创造都不行。

但同为创造，比较保守主义者和激进人士，效果和性质却是大为不同的。意气用事，不计后果，个人快意，轰轰烈烈，遭殃的还是民众。"治大国如烹小鲜"，其实何止是大国，只要是民众事务，都要谨慎为之，因为这不是个人的私事。在行政施策中，古今中外的"大手笔"从来不缺，只要给他们权力，失去制约，一拍脑袋就干的猛将大有人在。总以为自己是创造型的天才，是罕见的世界再造者，这样的误解，在人这种动物身上是经常发生的。

有了权力就有了表达的最大机会，而这样的机会是最能考验人的稳健和理性的。

孔子如履薄冰地对待机会，这是他最了不起的品质。水有源树有根，论理行事，先找根源，这通常是错不了的。如果总是急于创建而疏于学习，不探求不询问，狂妄自大也就发生了。孔子总是叮嘱自己"述"，也就是重复和遵循以往成功的经验，"不作"，不轻易改变和发挥，确实是难能可贵的。

重复过去既是强调和总结，是一种保守，同时又是特别有力的进击方式。无数人付出的劳动和奋斗，还有最值得珍惜的时间，它们形成的价值是无与伦比的。丢弃这些价值，遗忘和不管不顾，是一个时期一个社会一个人沮丧之期常有的行为。过去，往昔，已经积累的东西起码要分成两摊：好的和不好的。而这一切，只有在时间里才可以看得更清。不急于赶路，先冷静下来判断和分拣，找准一个方向，这是最重要的。

从这个意义上讲，保守主义者是更值得信赖的。

比起激进主义者，他们留给历史的遗憾少一些。这方面，空口无凭，我们可以耐心地查证一下历史。

变革的责任与雄心，不会因谨慎而丧失；相反，却会因莽撞而溃败。

孔子是力行变革的人，而不是企图开历史倒车的人。他要求自己健步向前，而不要慌不择路。他深深地知道：变革不是个人的事情，不能只图个人快意。

尊崇的因与果

"推明孔氏，抑黜百家"，这个说法是班固在《汉书》中对西汉大儒董仲舒的概括，来自他给汉武帝的上书主旨。从此，一个新的儒学时代来临了，对中国的政治文化乃至国民精神形塑方面，都起到了关键作用。

尊儒没有什么不好，但抑黜百家不好。尊"正儒"是好的，尊一个"伪儒"，是非常糟糕的事情。董仲舒是一个了不起的大儒，他自己不是"伪儒"，也不想制造一个"伪儒"。但是他在制造"伪儒"的道路上，却起到了前无古人的作用。

我们现在还不能说董仲舒一类的大儒在治学的道路

上有太多的投机心理，但他借重官家强调自己的学术主张，投上所好以壮"儒学"，却是事实。这里面的策略性不必讳言，所以他的最初用心无论多好，作为一个学问家，上书求助之举是犯了大错的。

孔子整个的学说主张，深奥而朴素的义理，特别是他的入世思想，给一代代读书人的强大吸引和感召是明显的，西汉的董仲舒也不例外。但是他求功之心太切，公然呼唤公权力对学问的介入，这就铸成了严重的、不可弥补之憾。

学问乃至主张出自百家，四方喧哗既纷乱又正常，人类社会本该这样。思想的选择有一个过程，人们希望辩论和比较，让这种状态持续下去。但事实总是相反，某一方会在驳辩中找来刀剑的加持。于是这种正常的辩论由激烈到戛然而止。

古代文化历史中有个了不起的记录，就是战国时期齐国的"稷下学派"。当年的齐国临淄是天下文心，所有的大学者都会集到这座都城，言说自己的思想和主张。在同期世界文明史中有没有同等规模的，还要研究。这一最值得自豪与骄傲的存在，竟然持续了约一百五十年。它后来被称为"百家争鸣"。

齐国当年是最富裕的国家，物质最丰富，言论最宽松。临淄鼎盛期的繁荣程度出人意料，游走各国的苏秦这样记录自己的临淄见闻："举袂成幕，挥汗成雨，家敦而富，志高而扬。"十六字写尽繁华。

与物质并行的精神，往往会同样丰腴。精神与物质剥离的现象，在人类历史上是极少见的。所以政路与言路是统一的、明晰的。然而王权集团在占有山河之后，更大的野心就是占有思想。后者的难度大到不可想象。事实上从来没人可以做到，却很少有人能够知难而止，最后像夺取江山一样血流成河。这样的例子很多，最早也最典型的，当属秦国。

占有思想是不可能的。诉诸文字的思想记录，或可禁止和焚毁，但生命运思和想象的生理机能却是天生的，它的自由属性也是天生的。

法国作家雨果说到人心之大，有一句妙比：比海洋大的是天空，比天空大的是人心。心是各种各样的，它广阔无边，然而专制者的贪婪之心同样也大到无边。秦亡了，西汉收拢起亡秦四分五裂的土地，却仍然要面对纷乱的思想。也就在这样的情势之下，董仲舒上书"推明孔氏，抑黜百家"，这极大地迎合了专制者的心愿。

儒学产生于礼坏乐崩的春秋时代，它是孔子和弟子们乱世探究的痕迹，走过了一条艰难的道路。无论怎样艰辛，孔子为了确立自己的学说和主张，从未奏请君王禁止别人的言论。相反，他向所有人学习，从不放过学习的机会，所谓的"三人行必有我师"，就是这种态度。他在一生的游走奔波中，一直在听取和吸收，最高兴的事情莫过于与人讨论，说"有朋自远方来，不亦乐乎"。一部《论语》，处处留下求知和探索的痕迹。

有人会说到"诛少正卯"案，这里不加采信。

孔子的学识无论怎样高深和正确，也只是一家之言。它一旦被王权专意尊崇，阉割和改造之路也就敞开了。获得这种地位的代价是巨大的，这就像一种商品的专卖经营，一旦某些从业者取得这种权利，他们接下来会采取什么步骤，我们是知道的。包装，商标，解释权，这些都将逐步展开。可见"伪儒"不是一天炼成的，自此开始，自上而下的"转化"工作也就全面推进。出工又出力的知识人从不缺席，就这样，另一个与孔子本心对立的"儒家"面貌，渐渐清晰、显形。

董仲舒本意并不险恶，却酿成了一个可怕的恶果。他的系统言说，其中那些极为卓越的部分，也算深入堂奥，切中肯綮，细致条理。但由于他不可避免地放大了儒学的某些局部，强化了为上所用的部分，远旨近拉，便洇染了实用主义的色彩。

学问被这样改造，怎么会有好的命运。

孔子成为唯上的、一切以君王统治秩序为准绳的思想理论标本，而且不容争议、独一无二。儒学在最初语境中提出的"等级"的持守、礼乐制度的恪守，恰好是为了抵制权力的无限膨胀；而一旦落在王权手中，化为不可更易的刻板条文，就变成了最坏的东西。

所以，"伪儒"是阻碍社会进步的文化桎梏。

董仲舒一生都试图以深入的个人论述，恢复"正儒"的品质，但这种微弱怯懦的声音比起公权力的分

贝，简直是天壤之别，是不成比例的。"正儒"对于
权力的顽韧不绝的抵抗精神、监督精神，至此走向了
孱弱。

孔子不再是王权专制的抵抗者，转而化为他们手中
最有力最便捷的统治工具。

服从性，官本位，层级制，将生命自由创造的本能
和欲求彻底扼杀：这就是"伪儒"。它稍稍遮掩了从暴
秦那里承续的冷血主义，二者合一，形成了一种最劣质
的文化。在这种王权专制文化的笼罩之下，没有科学，
没有自由，没有民主，没有人的生活，没有浪漫的想
象，没有氧气。

在权力就是一切的生存环境中，民众的个体欲望
需要服从统治者专门拟定的"道德"；而任何"道德"，
在权势者那里都是虚设之物。

正儒和伪儒之核

论说何为"正儒",大概需要一吨的言辞。面对古往今来的一批大儒,他们留下的宏论,确实让人望而生畏。

"正儒"是儒家的本来面目,具体说就是孔子的本来面目。没有被一代代解释者,特别是统治者刻意改造过的孔子,就是"正儒"。显而易见,与"正儒"对立的,就是"伪儒"了。

区别二者的道理很容易讲,真正进入鉴别却是十分烦琐的事情。我们首先要耐烦,然后就是清晰,还要大处着眼,不可陷入腐儒的僵化。摇头晃脑说"子曰"的夫子太多了，他们已经昏聩，我们不必依赖熟稔于会计记账法的这些"专家"，而宁可相信一个伸手指出皇帝新衣的稚童。

一个稚童抵得上一百个伪装的"大儒"。

前边我们说过，儒学的核心是"仁"，即"爱人"。一部《论语》，多少人事与物理、朝堂与民间、微言与宏辩，围绕和指向的那个中心，无非是"爱人"。怎样才算"爱人"，一个人在特定的时间与场合中，怎样做才算"爱人"，追究起来颇费言辞，有时候越讲越不明白。这里需要言说者是一个极端清澈的人，还要是一个固执的、并非为了自圆其说而滑入狡辩的人。一句话，他应该是一个诚实的、善良的、有学识的洞悉者。

这样的人太难找了，然而孔子就是这样一个人。所以他能经受百问而不离其宗，能在纷纭的时势中，对近在咫尺的事物给予条理分明的阐释。这一切都记在薄薄一册对话录中。

孔子面对不同的人事，有不同的解说，后人欲指认准确的意向，就要将周边上下连带的一切缘由弄通，即搞明白他为什么要这样说。对话者的身份、与孔子的关系，更有他们所处的不同地位，都会规定和限制其内容和态度。孔子究竟想说什么、要说什么、在说什么，需要细细倾听和辨析。

特别需要审慎对待的，是孔子与君王们、执掌权力者的对话。那时的孔子必然谨慎，婉言，款曲，甚至有些拘谨。这都是人之常情。如能还原一下具体场景，对比一下今人类似的言说，就会发现孔子的耿直和勇气了。

他的弟子们，包括后来的一些代表性大儒如孟子，都有这样的气度。

他们颇有耐心地对权贵人物进言，对"好利好物又好色"的君王说义理、讲"爱人"，有时难免显得文不对题和书呆子气。那些气氛与情致，记录中寥寥几行，惟妙惟肖。

唯有言"利"是容易的，而说"爱"是困难的，听来每每都是虚词，难以落实，几近漂亮的套话。关于说服他人，西方的一位思想政治人物留下了一句妙词，他说：不要忙着给对方"讲理"，而要"喻利"，也就是讲清利害，这样对方才能听到心里去。所以我们读孟子，看到这位举世闻名的大学问家与君王的谈话，有时会忍俊不禁。君王对这些"大言"自有一番应付，王顾左右而言他的模样、笑吟吟的模样，实在有趣。

君王觉得"义理""爱人"这些道理，听起来不错，只是离得太远了。圣贤们无非想说，严重一点讲，不"爱人"是会亡国的。可什么时候亡呢？这种事还远着哩。兵强马壮，亡国这种事会发生吗？历史不止一次回答了，会的。但眼前好像还扯不到那上边去，于是君王也就当成书生之谈了。

"爱人"是儒学的核心，它并非虚而不实。它也可以很具体，可以量化。比如围绕一个政权的记录，杀戮的数量、税赋、徭役、王族与平民占有财富的比例等情形。这些并不晦涩，也无法巧辩和遮掩。

专制王权不停地宣称"爱人"，却要大开杀戒，血流成河，民众一贫如洗，谁又会相信它呢？

儒家关于"爱人"的言说是一回事，一旦进入具体的操作环节，也就是从政了。孔子和弟子的为政实践是成功的，可为范例。但他们无论怎样有作为，毕竟与君王和贵族的利益是相抵触的，所以也就不可持续。

看来"正儒"之核不难理解，也不会有多少争议。那么"伪儒"之核又是什么？将不同的"核"找出来，辨析也就容易了。

"正儒"之核既为"爱人"，那么"伪儒"之核就是"治人"。

这里的"治人"并非治理社会和民众的意思，而是对人的统治、辖制，是"御民之术"。无论那些权势人物怎样借助无良学人，将"儒学"说得多么繁复和条理，言之凿凿且学问深厚，都不必被迷惑，因为只需睁开眼睛就清楚了。

我们先看一下量化指标，然后再看世风道德。"爱"的有无是很容易感受的。"天下归仁"，就是"天下归爱"，民众具有普遍怜惜和同情的道德感，而不是恶意相向的人际关系。这样讲不是将道德沦丧的责任推到下边，而是上边：统治阶层的行为像风，而民众只是被风吹伏的草。这就是《论语》说的"草上之风必偃"。

我们有一句耳熟能详的说法，就是"榜样的力量是无穷的"。的确，为政者是最大的榜样，他们能够轻而易举地摧毁整个社会的道德。这种摧毁力真的是无穷大。

几千年来，专制王权从来不乏言说儒学的热情，不过他们一贯推销的只是"伪儒"。他们用它来约束和辖制民众，无论说得怎样头头是道，最终不过是制造一个权力至上的官本位社会。我们不必陷入烦琐的话语陷阱，只需轻轻一问：你们"爱人"了吗？你们又是怎样"爱人"的？

这简明一问，就刺中了真伪之儒的要害。

满口仁义道德不难，在实际行动中稍稍持守一点，是很难的。人们对于传统儒学时而流露的不信任，甚至是嘲弄和反感，主要就源于"伪儒"的长期危害。人们不再听信他们。鲁迅一直深恶痛绝的"铁屋子"，就是由暴秦以来的"冷血主义"，再加上"伪儒"，这两种材料打造构筑而成。

　　历代大儒对儒家典籍连篇累牍的阐述，虽然功莫大焉，但其中最大的顾忌和私心，就是追求学说的壮大和通行。这好像是一个学问的基础，其实不是。学问的基础是求其本真，绝不能为了行世而不惜最大笔墨放大某个局部，更不能求助于官家。这样做的目的是可疑的。我们所惋惜的董仲舒等人，问题即在于此。

　　厘准"正儒"的"爱人"之核，这是最为紧要的。而"爱人"，一定是王权专制的死穴。如此一来，孔子的儒学到底属于谁，一切也就清楚了。

马车驶向何方

　　孔子一生少有安定，半生都在颠簸。他率领的车队东奔西走，最终驶向何方？一个浮在表面的答案是"求官"，寻找施政机会。经历漫长的学习和积累，他和弟子身上蓄满了能量，等待释放。他们都是胸怀治国之志的人，需要寻找一个地方落实自己的主张。

　　这条寻求之路自然是曲折的，因为参与治理就要获取权力，这种事在任何地方都会引起警惕，甚至被视为野心的扩张，属于侵犯和冒犯。管理者是居于高处的劳心者，是运用智力的统治者，而一国之中最高的管理者只能是国君本人，其次才是他的大臣。孔子在鲁国做过大司寇，进而"摄行相事"，是主持一国政事的显要角色。他参与施政的记录是成功的，所以既有理由也有资本继续发挥自己的能力。

在当时，孔子认为一个知识人对社会所能做出的最大贡献，是从政，是管理社会。如果一个人拥有治理的能力，有足够的学问，就应该积极投入政事。这在他来说是一种很朴素的认知，并没有现代人"跑官要官"的功利和庸俗。这是认知上的不同。

孔子认为一个知识人不为国事出力，是自私的，是没有更高道德的表现。春秋时代的知识人占整个人口的比重很少，能够通识"六艺"的人则更少，他们大都是贵族子弟。孔子接收学生不讲出身，所以身边会聚了不少平民后代。这些人学习各种知识，关心治理，最终的目标是成为执掌一方的人。也只有这样，才不枉费一身学识，也才是"爱人"。

"爱人"而不为民众服务，"爱人"也就成了一句空话。将"爱"落到实处，这是一辆辆马车奔走的目的和方向。

　　孔子和他的弟子们认真地、毫无羞涩地谈论这条道路，是因为心中有一条明确的理路，十分确定。他们在室内、在路上，讨论最多的还是怎样施政，以及与之有关的一切。一个人的学识很好，就要做官。这是一种重要的工作，而非贪求某些利益。

　　古往今来的求官者，源于完全不同的理念和心志。如果心中有"仁"，那就可以"当仁不让"；反之，求官就成为人世间最庸俗的事情。事物总是两极相通，最高尚的诉求，也容易成为最卑微的伎俩，这二者切换起来并不困难。

　　管理者为民众服务的辛劳，越来越不被看成一种奉献和社会分工，而是一种彻头彻尾的出人头地的机会，是追求享受的不二法门。这种习惯的认知本身是极为腐败的，因此，这样的求官之路就被视为人世间最下贱最无耻的行径。

　　为了声威、荣耀和不劳而获、占有，这在生活中常常是不加掩饰的目标。这样的一群人，在春秋时代是根本爬不到孔子那辆马车上的。

那辆车上没有"小人"的容身之地，没有给他们留下一个座位。

孔子和他的弟子长途奔走，未免有饥寒落魄之时，有人嘲笑他们是"丧家狗"。孔子听了非但没有不悦，反而觉得这种比喻很好。因为在风雨烟尘中穿行的马车，碾过长长的泥泞坎坷之路，哪是一般人能够瞩望的！他们确实像狗一样，单纯、热情，不属于某一家某一伙，只属于天下苍生。

如果只为了谋官，安顿下来的几率就大多了。孔子这一路多次拒绝权势的邀约，这些都有案可稽。孔子是一个选择者，而不是一个待价而沽者。他的心气要高得多，力量也要大得多，境界更是开阔得多。

以今天的眼光看也许多有费解：世上可做之事实在太多了，读书人为什么一定要做官？这样讲只是现代人的视角，是社会分工更加多元化和专业化后才有的发问。比如今天，孔子和他的弟子极有可能在大学里工作。春秋时代，也包括后来漫长的时期，可供知识人选择的职业仍然是很少的。求知明理修身，直接诉求就是治理社会，是兼济天下，这是进身的依据，是知识人的最大功用，更是他们的道路终点。

中国自隋朝开始实行的科举制，是考官取仕的一条路，这在很长时段内几乎没人怀疑它的正当性和有效性。事实上也是如此，它在相当程度上保证了施政者的基本文化水准、知识与能力。这条路的形成，一定会追溯到孔子的那个车队。

这一辆辆马车最终驶向殿堂，却要穿过苍茫大地。车上的人知晓大地的事情，能够把大地的消息带到殿堂。他们没有生于殿堂，也不是殿堂的主人。

如果考察一道道马车的辙印，会发现它曲折遥渺，纵横大野，最后还是返回了故国。孔子晚年结束奔走，安定下来，专心编著和教学，取得了无可比拟的成就。他的一生，除了"弟子三千"，给人留下最深印象的，就是那辆颠簸的马车了。

他给后代知识人留下一个直观的昭示，就是读书做官。春秋时代的读书人太少，他们不去参政，当然是很大的浪费。社会治理关涉民众生存，而并非个人独处，所以这里的得失是明显的。基于此，孔子将读书人是否入世求仕，视为最大的道德问题。

但是怎样与权力合作、是否合作，还要视具体政情：如果跟随某种体制作恶，那就一定要远离。入仕不分青红皂白，这在孔子那里是绝对不可以的。他的弟子曾问现在的执政者怎样，孔子十分不屑地说："咳！那些气量狭小的人算得了什么！"说到君臣合作，他说："必须合乎道义，不然宁可辞职！"《论语》中有一句"鸣鼓而攻"，说的是孔子让身边的弟子大张旗鼓讨伐弟子冉求，因为他为官不仁。

由此可见，读书人爬上那辆马车之前，先要弄明白它将驶向哪里。后者比前者更为重要。

民贵与民本

　　儒学中"民贵"与"民本"的思想是鲜明的，如果需要征引和求证并不困难。孟子作为"正儒"最突出的代表，有一句话影响深远："民为贵，社稷次之，君为轻。"这是将儒学要义拎得最清的言说，掷地有声。它清晰而直接地厘清了儒家与君王体制的关系，也是对孔子"仁政"学说的进一步展开。

　　几千年来，孔子后来的大儒们多有著述，仔细研读这些文字，它们像《孟子》一样，从不同的方向给予了拓展，也更多着力于局部。他们应对自己的时代，必然会有新的阐发，但大致还要囿于孔子的思想。这一点是极为重要的。

今天，有人从古文字学的意义上表达了别样的"严谨"，说春秋战国时代的"民"字，并非指一般的民众，而是指具有一定地位、居于城内的一个特殊群体，多少相当于古希腊城邦的"平民"。这就与我们所说的"民贵"思想不能对榫。但是，如果回到儒学原著，进入具体语境，就会发现孔子和孟子说到的"民"，仍指"民众"或"大众"。也就是说，他们的"民贵"思想是真实存在的。

"民贵"和"民本"有相同处，也有不同处。后者显然更进了一步。以"民"为"本"，即以民众的利益需求、欲求和理想为本，一切从这里出发。在此，"民"之欲求和愿望成为最高标准。将诸多事项和关系加以比较，把民众的幸福视为重要选项，以此为贵，就是"民贵"思想了。这里并没有强调它的根本准则意义、依据意义，所以不及"民本"更高。

"民本主义"和"人本主义"是相似的。

比起"民贵"，"民本"更极端和更彻底一些。它们在春秋战国时代无疑是最为强烈的人道表达，是倾向底层的声音。这在统治者听来是刺耳的。儒者能在君王面前公然说出，那就不光需要勇气，还须做出巧妙包装。他们的终极理由不过是告诉君王，只有这样的施政理念和态度，才能赢得更多的拥护，也才算"仁政"。

统治者在类似的解释面前，也只得半推半就地接受下来。做不做是另一回事，说说倒也无妨。

"正儒"的核心既是"爱人"，那么由此推导下去，结论也只能走"民贵"这条路。不以"民"为"贵"，怎么能算得上"爱人"？"民"的数量最多，不爱"民"，又如何算得上"爱人"？这其中的逻辑关系是很清楚的。

那么，我们是否可以将儒学的"民贵"和"民本"，视为它的最高纲领？

不可以。正像孔子的"爱人"说并非最高纲领一样。纵观和通读《论语》，我们会感受其中仍有一些保留和预留，它似乎还辟有另一个空间，那里有更大和更高的东西存在。

那里有什么?

在一种规定的语境里、在诸种事物的比较中,孔子一直强调"仁",表达了"民贵"和"民本"的思想,因为只有这样才是"爱人"。对众生的怜惜,贯穿于孔子言行的始终。不过细细体味,"爱"和"爱人"只是一条路径,这条路最终还要通向一个地方,它是哪里?

追踪下去,我们发现它蜿蜒向前,一直走向了更深和更高处,那里才是目的地。它决定一切、衡量一切,孔子为它取名"天"或"天道"。

孔子弟子子贡说:"老师关于文章的学问可以听到,关于天性和天道,就听不懂了。"这里的意思是说,后者更深奥,难以直言,需要我们用心去体悟才行。

《论语》中说到"天"近五十次,不同处言说不同,语义不同,但总的看还是指对万事万物皆有规定的某种力量、原理和意志。它是模糊的、未能直言的,就像他的弟子所说,只能深入体悟和感受。这是一种冥冥中的意志,人类只可以叩问、顺应和听从,而不得违背。无论是君王还是民众,都要在这种规定中生存,概无例外。这就是"天道"的最终决定力。

关于"天"的原理，后来被另一位大儒董仲舒称之为"天理"。他的"天人感应"说，即从孔子的"天"引申而来。按照这种"感应"说，一切自然灾变都源于人类自身的错误。因为社会生活是由君王主导的，所以施政者就要对一切错误负责。这样的理论，等于对统治者提出了严厉的警示和规约。

这里的"天"，虽然没有西方信仰的人格化，但其相同处，仍然是唯一的和神圣的。所以孔子的"天"有不可否认的信仰的意义。就此而言，东西方并无根本的不同。

"民贵"主义不能视为信仰，"民本"主义也不能，它们只是"爱人"的必由之路。

"人"是有缺陷的，"人"的认识是有盲区的，所以不可作为最终和最高的根据去依从。认识"天"的规律，接受它的制约，不断调整和改进人的行动与认知，这才有可能走向完美。

儒学以"天道"为目标，而在生活中的实际操作方法就是"爱人";再切近一点,就是施政中的"民贵"和"民本"思想。没有这样的理念和遵循,就会受到上天的惩罚。信仰的现实理路即源于此,所以它一定以"爱人"为核心、为路径,但并不将"人"作为根本的依据。它对"人"是怀有戒备的,对"人"的欲望是不信任的,所以才有"存天理,灭人欲"之说。

离开了"天"这个最大的运行规则,只强调"民本"和"民贵",最终仍然会走向误区,犯下不可补救的大错。而且更为严重的是,它会变成民粹主义的说辞和借口,让民众在没有边际的信口允诺中迷失,给机会主义留下欺骗的空间。

儒学没有止步于"民贵"和"民本",这是它葆有的现代性元素。

儒学的三个重点

　　如果说儒学有一个核心，那就是"爱人"；但要看到它的整体面貌，还得从三个重点入手。按几何学原理，确定一个平面需要三个"点"。找不到它们，就很难让"正儒"固定和展开于一个"平面"。而"伪儒"对它的歪曲和改造，使其呈现出另一种面貌，也一定是从挪动这些重要的"点"入手的。

　　"伪儒"通常有三个标志，也算是三个"点"：等级制、官本位和绝对服从的忠君思想。这三个突出的"点"，似乎在经典儒学中都能找到对应的文本和事证，从而证明，整体的儒家原典都在维护严格的等级制：各就各位，秩序井然，天下大治；一个人有了知识和本领，最重要的就是投身治理，"学而优则仕"，"官本位"是不容置疑的人生价值；对国君必须服从，一国之君等同于"社稷"。

这样的诠释不仅塑造了一个僵化而生硬的孔子，而且是一种片面的抽取，是虚构和歪曲。

离开了特定的时间与空间，离开局部与细节，也就无法确定一种言行为何源发，更找不到针对的方向，不仅难以确定语义，甚至会做出相反的解释和结论。

比如，保守主义的姿态、对西周礼仪规范的遵守，都有相当复杂的意涵，绝不是表面的和单向的。它的内里与实质，显然包含了对专制暴力的抵抗，对四分五裂和野蛮扩张的阻遏。这里面包蕴的理性，比起顺应潮流的推助者更多，也需要更大的勇气。

春秋时代，伴随着对西周礼法与规制的涤荡，出现了新的割据和强权，其残暴是令人发指的。在历史线性进步论者看来，一切的"新"都应视为进步的环节，而对一切理性辨析、疑虑和拒绝都要斥为守旧和倒退。事实上，"新"的残暴掠夺、杀戮，也只能是恶；"旧"的仁慈、怜恕，也仍然是善。

孔子"克己复礼"的主张，针对与遏制的是潮流中的强人。依附强势，就生存策略来讲，在任何时候都是最安全最得益的；而服从良知与理性，就要有更大的气概。孔子用"等级说"约束新的强权，用"官本位"对上提出严苛的道德追究，"忠君"的前提是"仁政"，"无道"则不合作。

所有这些持守，都是逆向历史潮流的，因而具有抵抗的性质。拥赞和跟随潮流很容易，却不一定是理性的选择。如果拂开裹糊的外表，会看到历代统治者反复出示的"儒学"主旨和例证，与真实的孔子恰好是错位的，甚至是对立的。

说到"等级说"，我们就要考察儒学怎样认定"民众与君王及社稷的关系"；说到"官本位"和"忠君思想"，就要追究儒学怎样确立"个人与君王及集团的关系""国家与国家的关系"。这三个关系，至今都是关键的界定和判断，当然也是儒学的三个重点，是我们无法回避的。

　　孔子关心民众的生存状况、他们的自由和富裕，以此衡量是否"仁政"。比如，当他严格追究齐国管仲的言行时，说这个人"不知礼"；当谈到对方给民众带来的宽松和幸福时，又肯定了这个人的"仁"。"爱人"作为儒学的核心，被后来的孟子做出了更清楚的解释，即在"民""社稷""君"这三者中，排出了明确的位次："民"是最可宝贵的，居于首位，其次是"社稷"，最后才是"君"。

　　这是"民众与君王及社稷的关系"。

　　个人与君王所代表的统治集团的关系应该是怎样的？当时的分封制事实上已经走到了尽头，诸侯国之间是完全独立的，统一的周王朝已名存实亡。各国是分立的政体，有自己的国土、国民、外交、礼仪、法律及君臣关系。孔子和他的弟子身在鲁国，却并未一直服务于自己的国家，也没有固守臣子的名分，而是"志在四方"：为实现自己的政治抱负、施展自己的政治才能而四处游走。他们的周游基本上是失败的，即便在卫国和陈国的滞留期，与国君和贵族阶层多有交往，也远没有接近原初的政治目标。

孔子半生奔走，最后说："道不行，乘桴浮于海。"

为了寻找和践行自己的理想，可以漂流到天涯海角。这里的"海"已经超出已知的"国家"概念，那是未知的苍茫，是天下任何一个地方。这在当时是怎样的决绝、自由奔放的精神。这可不是一时的冲动之言，而是由半生奔波和历尽艰险来注解和佐证的。

这是"个人与君王及集团的关系"。

孔子一生经历过诸多国与国的大事，亲自主持过"夹谷会盟"，更对一些国君和国事给予尖锐的评判和断言。他面对的最大一个外交突发事件，即齐国田姓大夫杀死姜姓国君。这是足以改变齐国命运的"弑君"，是惊天大事。消息传到鲁国，孔子深感震惊，立刻沐浴更衣面见国君，建议出兵。国君让他向执掌国政的三个实权人物报告，最后的结果是不了了之。孔子说："我身为大夫，不敢不报！"

在巨变面前，孔子认为必须出兵。至于能否取胜、具体对策，并无记述。那似乎不是优先考虑的问题。孔子认为如此大逆不道，鲁国既不可坐视，也不能中立，执守道义才是最高的原则。

这是"国与国的关系"。

我们确认儒学的实质，就要正视它的三处重墨："民为贵""乘桴浮于海""出兵齐国"。因为这里明确厘定了三个重要关系，它们所反映的内在理念与精神，延伸在整个儒学之中。原来，在所谓的"等级""服从""国家"诸种事物之上，还有一个更高的"道义"。"道义"从属于"天道"，在它面前，其他的一切都要大打折扣，都要退后。

"天道"尽管有不同的解释，但总的指向还是"原理"和"规律"，也就是今天的"真理"或"绝对真理"。

就因为它的存在，其他一切，从巍峨的庙堂到优渥的生活，都可以舍弃。对此，孔子有过更强烈的、极端化的表达："朝闻道，夕死可矣！"

一个人可以用死亡换取"道"，这就把话讲到了尽头。

我们由此发现，一谈到"绝对真理"，温文尔雅的孔子不见了，热血沸腾的孔子出现了。

名与实的关系

　　儒学积累了几千年，留下的文字不可胜数，但最大也是最可靠的依据，还是一部《论语》。我们在这一万余言中发掘，会发现其中最重要的一个逻辑关系，就是关于"名"与"实"的思辨。它们一遍遍被提出、强化、比喻、引申，因为二者是极容易被混淆的。所以，谈论者要不厌其烦、在不同场合不同事物面前反复言说。

　　"名不正，则言不顺"，所以"正名"是无比重要的事。一种事物先要给予恰当的准确的名称，然后再依据这个名称所规定的内容，给予仔细裁量。名称对了，内容对了，性质才不会出错，一切也就对了。

孔子的这种理性主义，一生都在顽固地贯彻，从不通融。这正是他到处碰壁的原因，更是引起严重误解的原因。因为社会上无理性的人很多，陷入眼前事务者容易糊涂，而离开了具体场景更难以找到依据。从古到今，凭大致印象评判孔子的多，从理性和逻辑上论断孔子的少。

即便是充分肯定孔子的人，也认为他主要是一个感性的道德家，而非一个拥有强大逻辑的人。事实上正好相反，他是一个在生活中建立了坚实逻辑、理性极为强大的人。关于他的言行记录多为片段，语焉不详且归置零散，人们也就容易得出表象的、潦草的结论。

一部《论语》，大致可以看成从不同角度、不同事物、不同场合下，对"名"与"实"的辨析和确定。言说者细致耐心，由巨而微或由微而巨，有时不得不用比喻和诱导来切入实质。这里必然涉及许多细节，洋溢出生活的气息，但这些不应干扰读者的理性追索。

"名""实"之辨，是儒学原典的主要理路，是举目之纲。

"伪儒"的形成，或者是因为迷乱，或者是故意为之，总将"名"与"实"分开谈。这样一来，事情再也讲不清楚了。我们说一种事物，实质上却在说与这个事物无关的另一种东西，就会越说越乱，走向反面。

比如孔子所说的"君"，与历代统治者所说的"君"，"名"与"实"是一致的吗？统治者认为自己是高高在上的、需要绝对服从的，绝对不可僭越。这就是他们认为的"名"与"实"。而孔子从来不这样认为。在"正儒"那里，"君"是排在"民"和"社稷"之后的"轻"。这样的界定，在统治者看来就不得了，就成为他们"生命中不可承受之轻"了。

"名"重如此的"君"，怎么就"轻"起来？这是孔子和他的弟子更有后续的大儒们，一再解说的内容之一。这是将"名"与"实"各自厘清，最终统一的过程，谓之"正名"。不讲清楚这些，就会"言不顺"，逻辑混乱，不得要领。

同样的道理，孔子说到的"父""子""臣"，以及其他种种关系，都包含了"名"与"实"，都需要一一

"正名"。未经"名""实"统一和确认的事物，就会陷入混乱。从这个意义上讲，孔子和他的弟子们不懈努力、终生奋斗的，就是让一个时代走入"名""实"相符的、不再混乱的状态。

这是很朴素的一种要求，做起来却极为困难。因为糊涂人总是很多的，装糊涂的人也很多。比如孔子说"父父子子"，而"父"与"子"出于不同的利益，一定要各自强调自己的一端："子"认为要得到更大的权利，犯上也没有什么不可以；"父"一定要树立绝对权威，让"子"句句听从。"君"与"臣"的关系也是同样的道理。这样一来，"名""实"错位，二者关系也就受到了根本的扭曲。

各自名分下应尽的义务、它的责任和边界，很少有人认领。孔子一生时常针对的，就是这些狡猾诡辩的不愿认领者。他不得不伸出一根固执的手指，不让对方滑脱。这是一个坚持的形象、说服的形象。

只有"正名"，才能让各自名分归于其正，责任和义务同时得到落实。这样的原则不仅属于当时，也属于后来，可能还要属于未来。这种理性的遵循与持守，因为有坚实的逻辑在，就一定是属于现代的，它不会过时。

孔子的真正价值不过是他的理性主义。一切理性都具有自身的朴素性。它的深奥与晦涩，只在抽掉了事实、混乱了逻辑的时候才会发生。

"名"与"实"的内在关联不变，却会在时间的水流中改变表象和外形。同一个"名"，今天可能已经改变了称谓；同一种"实"，也会以不同的面貌示人。我们最容易犯的一个错误，就是因为称谓的改变，否定和模糊了事物的基本原理，然后得出荒谬的结论。

只有"正名"才有秩序，一旦"名""实"不符，虚妄和欺骗也就开始了。那些推销儒学和贬损儒学者，主要做法就是将"名""实"剥离开来。他们口中的"儒学"，其实与真正的儒学并没有多少关系。

孔子的羞涩和温柔

　　春秋时代的人观察孔子，说这个人"温而厉，威而不猛，恭而安"。十个字尽可感受，简洁生动。《论语》是思想的极致，也是形象的极致。我们读这部对话录，得到的是道理，更有丰富的情趣和活化的形象。

　　《论语》是用来理解的，也是用来感受的。

　　然而长期以来，理解是阅读的重点，而感受是连带出现的。但"形象"总是大于"思想"，离开了感受，我们就会失掉很多，并影响更深入的理解。我们知道，文字中有些难以言喻的部分，通常是无法理解的。比如现代自由诗，它的主体就是用来感受，而非理解的。

《论语》其实是富于诗意的文字，所以面对它，除了要打通道理，还要感受意蕴。

孔子自己迷于诗，这有他谈论诗的言论为证。这是一个绝不枯燥的诗意丰沛的人，所以一部对话录有浓烈的诗意。书中除了诗性，还有许多精微绝妙的细节。读《论语》，每每觉得它就是中国小说的源头。我们知道《史记》是充满了细节描述的史书，人物毕肖，场景逼真，但读孔子对话录，会想到司马迁一定受其影响，却远没有达到《论语》那样的精微。

先秦的文字是别有魅力的，这样的记述，它的语言表情和内在气质，已经永远不可复制了。

孔子首先是一个并不陌生的生活中人，其情感趣味及举止与常人多有接近，时隔几千年后仍似曾相识。这源于一部记录文字的色泽与声气，它们全都保留下来了。这些不属于讲理和阐述的部分，却比一些道理更宽广更深长。它让我们知道是怎样一个人、在怎样一种状态和情致中讲出了这些话，这就更可信更鲜活，能够像绿色枝叶一样继续生长，历时久远而不会干枯。

　　道理和意趣在生长，在不同的光线下变换颜色，这就有了无限的感召力和吸引力。所以我们一点都不觉得这一万余字太短太干瘪，也不会像空心核桃那样生硬萎缩，而像是一条活水潺潺流动，带动周边的风景也鲜亮逼真起来。

　　这位博学固执又多趣的老人仿佛并没有走开太远，他就在隔壁，随时可以拜访。他置身的那幢建筑有些老旧了，但主人眼不花耳不聋，与之对话没有问题。他咳嗽打盹，眯眼沉思，生气，或莫名地微笑起来。

　　因为学识的渊博和阅历的深长，老人看上去不免有些令人生畏，不过交谈起来就好得多了。他的威严是不苟言笑造成的，只有长期与之待在一起的弟子们知道，这其实是他掩盖羞涩的一种方法。他内心柔细，敏感，尽量收敛坏脾气。因为他未免急躁和不快，时世坏到不能再坏，几乎没有什么事情是顺心的。让他受到侵犯是很容易的，只是他把一切藏在心里。他有很多话想说，旁边的弟子如果足够聪明，他就会说得多一点，更多的时候欲言又止。

　　这是一个出身低微的人，年轻时很辛苦，后来成为大夫，自然珍惜得到的一切。他畏惧的东西很多，对于宫廷既小心又警醒。他内心里已经确立了清晰的目标，上下求索，意志是坚定的，主意是牢靠的，勇气也是过人的。他总是全力克服某种社会交往的障碍。

　　他不像其他贵族人物那样放肆和舒展，动作幅度不大，总是小心翼翼的样子。人们认为他是礼仪专家，他的举止更是说明了这一点。他从礼仪的严格规范开始，去理解万事万物，发现其中蕴含的相同原理，这就是秩序的意义。礼仪的核心是义理，而不是一具空壳。失序是混乱，是破坏，也是侵犯和掠夺的开端。维持秩序等于守护道德、捍卫公义，而这样做要有很大的勇气。

　　人们会觉得他是一个守旧刻板、极为谨慎的人，却想不到一旦握有重权，他会那样果决勇毅：不怕冒犯，敢堕三都。人们想不到与强大的齐国会盟时，他作为主持者，能够从容镇定地应对这样的大阵仗：智勇干练处理国事，维护鲁国的尊严和利益。这是一个书生的内刚和气魄，是心灵的发力。

　　他侍君如仪，一丝不苟，上朝的时候，君主还未到来，就同大夫们说话：与下大夫交谈温和快乐，与上大夫交谈正直而恭敬。君主到来后，他有些不安，走路很安详。拜见君主时，他先在外面磕头，登堂时再次磕头。进了朝门，他好像害怕，没有容身的地方，不站在门的中间，也不踩门槛。经过国君座位时，他的面色立刻变得矜庄，脚步快起来，说话好像中气不足。他提起下摆往前走，憋住气好像不敢呼吸。出来时，刚迈下一级台阶，面色马上放松了，怡然自得。走完了台阶，更快地向前走几步，好像鸟儿舒展翅膀。回到自己座位，又是一副内心不安的样子。

　　如上都是弟子所记。

　　孔子出使国外，弟子这样描述：他举行典礼时，手拿玉制礼器恭敬谨慎，好像举不起来；向上举时像作揖，向下拿时又像要交给别人；面色庄重矜持得像在作战，小步紧凑一直向前；献上礼物，则满脸和气。

　　他代表君王接待外国贵宾，面色矜持庄重，脚步很快，向两旁的人作揖、左右拱手，衣裳一俯一仰却很整齐。他向前快走时，好像鸟儿展开了翅膀。贵宾辞别后，他一定要向君主回报说："客人已经不回头了。"当他以私人身份和外国君臣会见时，则显得轻松愉快。

他在宗庙和朝廷上，有话便明白流畅地说出来，但说得很少。回到老家，在老乡面前，表现得非常恭顺，好像不会说话的样子。在家闲居穿得整齐，整个人显得和乐而舒展。

今天的人会对孔子的口音好奇，想象他平时是怎样说话的。弟子记道：他平时说本地方言，一到了公众场合，比如举行典礼和朗读诗书时，就要改用"普通话"了，那时称为"雅言"。

常人与异人

文字是时光的颗粒，展读和抚摸它们，沉浸其中，只为了感受人与事。孔子既是一个"常人"，又是一个"异人"。他的喜怒哀乐如在眼前，让人觉得切近而又熟悉，不由得感叹：人就是这样的。可是看下去，又会觉得他大有异趣：深邃坚卓远超常人，日常行迹让人着迷，真是大可玩味。

他身上的平易与怪癖交织，怯懦与刚勇并存；有时柔善，有时凌厉。他对一些庙堂人物充满藐视，又表现出莫名的敬畏。他用地方土语与人交谈，一旦去了讲究的正式场合，就说起了"普通话"。

因为有长长的底层奋斗史，所以俭朴以至艰苦的生活不算什么，但他讲究起来也不是一般人能比的。无论是物质还是精神，这两方面都有强大的包容力，能吃苦也能享受。他懂得享用，能够品尝，能够体贴，既多有怜悯，也极为挑剔。面对权力，他能服从，更能以自己的方式加以抵抗。他重视庙堂，却最终无法与权力合作，与上层人物一一闹翻。这也是预料之中的事。

在衣食住行和待人接物方面，他有自己的方式。这可能是特殊的经历造成的。

书中记录，他睡觉不仰躺，吃饭不交谈。即便是粗茶淡饭，饭前也一定要恭敬祭拜，像斋戒一样。座席摆的方向不合礼仪不入座。饮食方面，要求荤素食品制作精细，坚持"八不食"的原则：变质、变色、难闻，或烹调不当、不到用餐时间、不按正当方法宰杀的肉、没有相应的酱醋、外面买来的酒肉，都要拒绝。饭后姜要留下，但不多吃。吃肉不多于主食，饮酒不限却从不醉饮。

与乡人餐饮，要等老年人都走开自己再离去。遇到穿孝服的人，即便是亲密的熟人，也会肃穆起来。见到戴礼帽的人、盲人，对方再年轻，都要站起来。盲人乐师走来，他会细细地告之台阶、座席、旁边坐了谁。

上车时先端正站好，拉着扶手带子，不回头看，也不用手指点点画画。他在车上遇到拿寿衣的人，身体就会前倾，手伏车前横杆；见到携了书简的人，也要手伏车前横杆。一看到丰盛的菜肴，神色立刻变了，站起来。遇到雷雨大风，神态也要改变。

他看见山谷中起落的山鸡，说它们"正在好时候"，旁边的弟子就向山鸡拱手。他在亲属过世的人旁边吃饭，从来没有吃饱过。如果哭过，就一整天不再歌唱。

他对说起来滔滔不绝的人不太信任，认为巧言令色者，都不是什么好东西。有个弟子问起什么才是"仁"，他说："是那些说话迟钝的人。"弟子有些疑惑，不由得追问一句："说话不利索也能算'仁'？"孔子说："做成一件事不容易，说话怎么会那样顺畅？"

他对君臣之礼格外慎重。君王召见时，马还没有驾到车上，他已经走在前边了。哪怕病重得不能起床，君王来探望时，他也要设法将朝服盖在身上，腰束大带并垂下一截。君王赐给熟食，他要正正当当坐好品尝；赐给生肉，他要煮熟了供奉祖先；赐给活物，则好好地饲养起来。

他与弟子们在一起，有时会表现出恼怒和急躁，甚至说起粗话。弟子不努力，大白天睡觉，他骂是"烂木头""粪土墙"。他急于为自己辩解时，会弄到脸红脖子粗的地步。一位姿色美艳的女人、以风骚著称的南子，男人是卫国君主卫灵公，孔子要见她。碍于对方名声，弟子们强烈反对。孔子最终还是见了南子，至于在什么场合、谈了什么，因无人在场，所以讲不清楚。弟子责难时，孔子指天发誓，连说两遍："我若做了什么，老天都会厌弃的！"

孔子去看一位叫原壤的老友，对方坐在地上等他，两腿张开成八字。孔子说："你小时候不懂礼貌，长大了也没什么见识，老而不死，真是害人的东西！"说着，用拐杖敲了一下他的小腿。

他一生最尴尬困顿的时期，一是年轻时的奋斗，吃尽了下等人的苦头；再就是从鲁国出走之后的奔波。这一路多有艰辛，常有不测，受权贵冷落，野地漂泊，被围困甚至险遭杀身之祸。这样艰困，带领一群弟子，不仅要以年迈之身与他们一起经受，还要为他们鼓劲，坚持下去。

他最好的弟子也在路上泄气了，说了一些沮丧的话，问："君子也有毫无办法的时候吗？"这时已经绝粮，所有人都饿得爬不起来。孔子的回答是："到了这般境地，君子会挺住，而小人什么都会干的。"

他被围困多日，他最喜爱的弟子颜回却是最晚一个露面，他说："我还以为你死了呢！"颜回口讷，这次却回答得机敏："您还活着，我怎么敢死！"

孔子对颜回的喜爱溢于言表，有时忍不住当众夸起来，说他安贫乐道、不迁怒于他人、不犯同样的过失，"没有人比他更好学了！"他赞道。可就是这样一个好学生，却在四十出头过世了。

颜回的离去让孔子痛不欲生，连喊两遍："上天真要了我的命啊！"他痛哭多天，差点就要挺不过去。旁边的人劝他："您不能伤心成这样啊！"他说："我不为这样的人伤心，还为什么人伤心呢？"颜回的父亲请求孔子能否用自己的马车改作儿子的棺椁，孔子说："我自己的儿子死了，也没有棺椁。我是一位大夫，总不能步行吧！"

孔子的弟子们要厚葬颜回，孔子不同意。但他们还是厚葬了他。孔子说："颜回啊，你像对待父亲一样待我，我却不能像待自己的儿子一样待你！"

东方的诱惑和烦恼

　　孔子向东，最远到过齐国都城临淄，却没有走到这个东方大国的腹地，那里接近大海，有鱼盐之利。对这个强大富庶的邻国，他的态度犹豫而矛盾。他清楚齐国是怎样一点点走向富强的，并为这个国家有一个能干的相国管仲而感到庆幸。有人非议这位"好利不好义"的能臣，他为之辩驳，说如果没有这个人，齐国能像今天一样吗？大概我们的老百姓都会披散着头发、穿着向左边开襟的衣服吧！

　　当年人们去一趟临淄，会被这座世界上最繁华的都会所震惊。他们不得不面对"声色犬马"："其民无不吹竽鼓瑟，弹琴击筑，斗鸡走狗，六博蹋鞠者。"（《史记·苏秦列传》）这里车水马龙，人多得"举袂成幕，挥汗成雨"（《战国策·齐策》）。孔子来到这座都城，最难忘的经历是听了一次《韶》乐的演奏。

他以前说到《韶》，用了四个字："尽善尽美。"从形式到内容，好到不能再好了。这首音乐来自舜的时代，已经十分遥远了。孔子第一次发出赞叹的时候，好像还没有到过临淄。

一部艺术作品会在不断演绎中趋向完美，作为一首古老的音乐作品，基本形制是不会变的。它的规模，主要旋律，可能不会改变；但在配器和乐队规模上，不可能一成不变。

孔子在齐国临淄听了一次《韶》的演奏，陶醉到"三月不知肉味"。这是清楚无误的一笔记录，可见当时听者多兴奋、赞誉多强烈。

同一部演奏艺术的不同表达，效果差异极大，参与者的二度创造不可避免。我们可以想象临淄的演奏，一定是超前铺张。服装、乐器、规模、舞台，都会相当高规格和讲究。它的盛隆、非同一般的感染力征服了孔子。

舜时代传下来的一部音乐作品、离春秋晚期一千多年前的乐曲，能留下来已属不易。我们宁可相信它最初是一曲小调，不可能周备和盛大，历经了漫长的发展之后，才有了临淄的奢华演奏。

这是一个重大事件，其意义超越了艺术本身。它不仅标明了物质与精神文明的水准，还有方向。无论是临淄街头的繁荣还是艺术本身，这在整个春秋时期都是一种极致了。同时期的鲁国和其他国家，要差得多。

显而易见，临淄城以自己的富丽排场，重新演绎了《韶》乐。

这就像20世纪90年代的临淄，那里也发生了类似的事件。心气很高的临淄开始了《韶》乐发掘工作，后来根据出土的《韶》乐古谱，费心尽力组织了一场古乐复活。人们惊讶地发现，这首千年古乐竟然是一部宏大交响：有和声，有管乐。人们在惊叹的同时忽略了一个事实，即这场演奏是当下的，是现代的，是新语境下的新阐释。

孔子当年听到的美声，说白了也是一种"现代之声"。孔子在为一个现代的临淄陶醉，还是远古的舜，或更直接一点，是为西周？他说不清，或不愿细究。他只能在心里强调，这是一首古乐。

一位保守主义者为春秋时代的"礼坏乐崩"痛心疾首，却听到了《韶》这样的集大成之作。这让他为辉煌的历史而感慨和自豪。深味的是音乐，回望的是历史。

他知道它奏响在怎样的一片土地上，这里不是鲁国，而是由齐桓公、管仲的后人们治下的邻邦，富甲天下。可惜他们并不懂礼，为致富无所不用其极，甚至搞起了官办妓院。

孔子在两个大相径庭的国度之间，会如何选择？他说：齐国改革一下，才能达到鲁国的样子；而鲁国改革一下，便能走上大道了。他这里显然说齐国离"大道"更远。他在为齐国的富裕而倍感欣慰的同时，也有深深的忧虑。他似乎已经预感到，某种不祥或灾难，正在走近这个狂欢的国家。

　　他的担忧没错。历史证明了这一点。齐国积累的巨大物质财富令人羡慕，可同时也被物质所累。历史记载，齐国拥有强大的武装，让人望而生畏。可就是这样的一支部队，后来却成了富兵娇娃，战场上杀声一起，他们立刻丢下武器四散奔逃。

　　齐国最后还是失败了，所有的财富都没有得到保存，化为尘土。这是后话了。

礼仪的本质

　　孔子在与弟子的讨论中、与君王及上层贵族的谈话中，说得最多的话题之一，就是"礼仪"。他最初被贵族阶层接纳，首先也要掌握一套"礼仪"。这些礼仪规范主要是从周代沿袭下来的。

　　孔子的青少年时代用力最大的，就是对礼仪的学习。当时的贵族阶层与一般平民隔开了一道鸿沟，至少从外部看，二者在行为举止上有明显的区别，如参加祭祀或去某些场合，贵族遵从的礼仪是不同的。只有熟悉了这些，才能进出一些场所，跻身于贵族子弟的行列。

　　由熟悉到深入了解这些知识，以至成为这方面的专家，有一个过程。孔子能够在日常生活中遵循礼仪，并鉴别它们是否错失。这主要是研习周礼所得。他不放过任何学习的机会，比如进入太庙的时候，每次都要问来问去。就这样，他在相当大的范围内，成为一个有名的"懂礼"之人。

孔子作为一名新进的贵族青年，还拥有其他知识和本领，如算数和驾车、射箭等。他开始招收弟子，教授"六艺"，礼仪为首，这是最重要的。

随着时间的推移，他更加领悟，"礼仪"不仅是一种范式、一种表面形式，还牵涉施政与道德，其本质关系到社会如何运行、以怎样的品质运行。

他发现鲁国新兴权势集团攫取和占有了一切，仅就礼仪而言，已将西周以来的基本程式抛置一边，在祭祀场合采用周天子的乐舞，如只有举行隆重大祭才用的"八佾"舞。

遇到类似的祭典，孔子说："从第一次敬酒后，我就再也不想看了。"祭祀泰山，这是只有天子和诸侯才能做的事，鲁国大夫也要这么干，孔子问跟从大夫的弟子："你不能阻止他吗？"有的大夫在家里举办六十四人规模的舞乐，这只能用于西周宫廷，孔子问："如果连这个都忍心去做，还有什么不能做的？"

礼仪上透露的不仅是奢靡和腐败的消息，还有政治僭越的野心。这是一个时世走入凋衰和混乱的开端，浊浪汹汹无法阻挡。孔子为此深感忧惧，他所要做的，就是知其不可而为之，因此，多半生耗在了"复礼"之路上。

上自朝堂君臣下到家族齿序，都要遵循伦理秩序。失序意味着紊乱，最后会弄到不可收拾的地步。孔子认为"政"就是"正"，从国君对礼仪的遵行到家族持守的孝悌，都应该视为广义的"从政"。从这个意义上看，"礼仪"就成为社会治理的表与理，是因也是果，所以绝不可以轻言放弃。事实上，没有什么可以超越这些具体的形式而存在，它们具有深刻的内容。

孔子在各诸侯国游走时，卫灵公曾向他讨教军队阵法，他答："礼仪的事情我听过一些，军队的事情从来没学过。"第二天他就离开了陈国。在齐国，齐景公问如何治国，孔子讲的仍然是君臣父子的遵行之道。他认为"礼仪"的持守应该自上而下："上边的人依礼行事，下边的百姓才会听从。"这就抵达了政通人和的理想境界。

受孔子教诲，弟子们也认识到，治理国家最后和最难的，就是让整个社会懂得礼仪。弟子冉求这样表明自己的治国志向："三年的时间就可以使民众富足，不过礼乐这种事，还得请大贤人来做。"可见富裕不难，要改变一个地区的风俗才是最难的，让民众知书达礼才是最终需要抵达的更高目标。

有人认为孔子对于"礼仪"过于拘泥和言重，有点走火入魔和偏执：国家重器，军事政务，每一项或许都比这些节令规矩之类重要十倍，强兵与富国才是硬道理，一国之君哪有时间扯这样的闲篇？

是吗？这里要问，物质的富足与国体的强固从何而来？社会治理能够撇开理性和秩序吗？如若不能，再大的宏愿也不过是一厢情愿。究其实质，古今中外任何一个族群的繁荣安定，都是依赖清晰的施政理路才得以抵达的。

考察区域文明，通常要看民众的日常行止与风习。进入礼仪之邦，心情自然不同。在相对保守的自由空间里，人的个性将得到尊重包容，生活也会相对安逸。一个洋溢着礼让温文的群体不可能贫瘠愚昧，这里一定是政治清明、物质丰足。相反，那些充斥嫉恨喧嚣、人与人动辄恶语相向之地，必然充斥恶吏、社会失序，人们只能在困窘和怨怼中挣扎。这几乎没有什么例外。

"礼仪"看上去只是社会与族群的一种表征，细究起来却会发现，它由生活的本质所决定。人人都可以嘲讽保守的生活方式，却没人愿意跻身嘈杂混乱的社区和群体。事实上，对"礼仪规范"的遵守是最难的，"仁义礼智信"的境界是最高的。一个国度或一个社群，日常的人际关系表现出一种谦和礼让、安宁舒缓的样貌，可能至少需要文明汤水几十年上百年的滋养。

管理与施政是"因"，民俗与风气是"果"。"礼仪"在各个层级、各个关系中始终得到贯彻，最后才能渗透于日常。这是一个由里及外、由上而下，再反向影响与循环的路径。正因为这样，孔子才不愿放弃任何言说"礼仪"的机会，不断强化它、阐释它。这种貌似迂阔不化的书生的顽韧，仍旧源于一种理性、一种清晰的政治诉求。

如果将"礼仪"当作表面涂层来用，成为装饰的虚言和一般号召，那将是庸俗无益的。

久梦成真

孔子经常梦到周公，所以当有一段时间没有梦到，他就害怕起来，说："我衰老得多么厉害啊！"因为这不是一般的遗忘，而是连带着全部理想与向往的疏离。这对他是最不祥最痛苦的事情。

他不仅怀念一个人，更是寄情于一个时代。关于周代的所有记录，包括制度礼仪，在他来说都是重要的学问。西周的这些记录大致是或全部是美好的，让他无比崇敬。如果说这之前有一个朝代是近乎完美的，那就是西周了。他没有生活在那个时代，却能根据文字推演和再现。

想象是一种自我满足，也是一种自我塑造。孔子对现实的全部怨怒激愤，大都在向后的寻觅中得到安慰和舒缓。他长期研究了那个伟大的时代，由典籍入手，找到一个至美的代表：周公。这是文王的儿子，一个建立了不朽功勋的枢杻式人物。

因为有了周公，也就有了一个万世垂范的王朝。他这样说西周："郁郁乎文哉！吾从周！"这句话好到很难用现代白话文去再现，而只能想象，体味其深意和景仰。他一定是找到了相当确定的依据。

这关系到他一生的坚持和奋斗。他一直贯彻下来，信念从无改变。这在一个人来说，多么难能可贵又多么不可思议。嘲讽这样的人是容易的，但深究和探求全部因由，却不会那么简单。因为一位敏锐且又挑剔、知识广博的智者做出的选择，一定有坚实的理由。

孔子活在梦想里，那么这个梦想具体又是怎样的？它未免太有魅力，支撑了一个人的一生，竟然没有令其感到陈旧和厌烦。这里面牵涉一个"述"和"作"的命题，也是孔子一直标榜的重要守则。

事实上他无论怎样努力，顶多也只能做到"作"在

"述"中。也就是说,他在寻找和认定一个伟大时代的过程中,不断地创造和弥补。这不是他愿意与否的问题,而是必须如此。因为当时的历史记录不可能翔实周备,简书片语,湮没在时间中的,远比留下来的更多也更可靠。据说西周的礼仪来自夏商两代,而夏商又是多么遥渺的存在。

好的传说和记录留下来,是很宝贵的。孔子进入太庙,每一件事都要问,于是人们产生了疑惑:这样不停地询问,怎么能算懂礼?孔子的回答很是机敏:"这正是礼呀。"

西周进入前所未有的盛世,这是不争的事实。它必然有一套成功的经验。就社会面貌而言,当是相对积极的、生机勃发的。广袤的大陆得到整合,版图阔大,然后开始了分封制。开辟一个时代的宏图,其中的一些关键人物如周公,肯定是不同凡响的。

一个人和一个时代、一个王朝,有许多事迹。挖掘和保存辉煌的往昔,这是前人做过的事情,而孔子是又一个接续者。这样的人,在文字稀薄的古代当然是凤毛麟角，所以他本身也就责任重大。

思想的探索和行走有两个方向，一个是向前，一个是往后。向前是无中生有的设计，虽然也要建立在总结的基础上；而向后则完全不同，它只需要认定以往最成功的、被实践证明了的部分。因为以前经历过，所以就格外令人信服，更为可靠更为珍贵。付出了无数的时间和生命的代价，这种获取是万万不可丢失的。至于根据以往推导出的"未来"，也只能停留在理念和想象中，是一幅幅蓝图。

纯粹的向前和向后、绝对的新与旧，实际上是不存在的。这只是比较而言。孔子反复说到"吾从周"，只复述已有的，而不做延伸和创造发挥，似乎并不可信。因为他做不到。梦想和创造是人的天性。越是天才人物，越是追求完美。孔子的梦想超过常人，他是一个真正的创造者。他面对自己的时代要不断做出回答，无论使用怎样的语言系统，只要与新事物对接，就必然产生新的因素。

在梦想中，新与旧已经在不停地嫁接、融会和再生。这里面既有物理变化，也有化学变化。这些变化一旦生成，就化为无法分离的一个整体。这就是久梦成真。这里的"真"，正是他要面对的一种主客观存在。

我们不知道孔子在梦中怎样与周公对话。有一点是可以肯定的，孔子与盛世伟人的会面既庄严隆重，又日久生情。这一定是亲切和蔼的一场交谈。请教，汇报，闲谈，对话风格让我们联想到今天读到的《论语》：周公变为孔子，而孔子化身为最好的弟子。所不同的是，周公为诸王之王、君中之君，同时又是一位最可尊敬的长者。

这些无尽的梦想给孔子以力量。周公成为离他最近、最熟悉的人。现实中一旦遇到疑惑，孔子会直接与永恒的导师商讨，于是一切迎刃而解。孔子是以向后的方式向前的，比起沉迷于未来的人，他显得更踏实可靠一些。事实上，他已经活在未来之中，因为他在梦中反复与周公讨论的，并不完全属于过去，而是面向现在，通向未来。

我们真的相信所有的"新"都要归于现代，而所有的"旧"都要抛弃吗？傻子才那么天真。因为我们每个人都能够从自己的经验中，感受到"新"与"旧"的变易和转化、它们之间复杂的镶嵌关系。

法家的背叛和剥离

我们早已习惯了将"儒家"和"法家"做对立观，认为二者是不同的思想阵营、政治阵营。他们在历史中起到的作用大为不同，最触目的例子就是商鞅韩非子李斯之流，这些人与孔孟等人的区别。

他们服务于不同的君王，产生了严重的后果。

哪一种后果更好？由于价值观不同，立场不同，评价天差地别。有人把万劫不复之灾当成人类壮举，也有人把美善仁爱之义视为仇雠。立言必有敌，立功必有谤，这在浩如烟海的文字浮尘中既不为怪，也不足畏。不过凡事还得讲理，从头梳理才是明辨是非的基本态度，也是一种正常的做法。

儒家重礼而法家重法，这是后人的归结。其实礼法紧密相连，无礼也就无法；同样，无儒家也就无法家。人们在很长一段时间里不知该将荀子归于何家，儒还是法？他的学生中有法家代表人物，他自己的学说中也有大量法的论辩。这个人显然在儒法发展史上处于关键的枢纽地位，重要性几乎无人取代。

我们首先认为他是一位大儒，像许多人一样，在儒学的局部和细部展开探究、延伸和诠释。他的依据仍然来自传统儒学，着力点之一就是礼与法的关系，指出礼在上而法在下，礼大于法；严格持守礼仪，必然有法的产生。具体的法来自礼的意志，它有具体规范的性质，更为细密地介入日常生活，让礼的精神得到落实。

社会的治理，法的实施是不可避免的。

专注于法的研究，强化它的作用，特别是服务于施政，这样的知识人就成为"法家"。由此可见，他们显然脱胎于儒家，是从中生出的一个分支，是礼的向下延伸。这在教育传承链条上是清楚的，比如荀子本人是儒家，他的学生又出现了一些法家代表人物。

法本来应该在礼中，含纳于礼中。但是后来的法家却产生了剥离以致背叛。这种分离是根本性的，因为"法"就此脱离了"仁"这个核心。这就站到了儒学的对立面，即"爱人"的对立面。

在儒学的几个重点中，如个人与君王社稷的关系、民众与君王社稷的关系、国家与国家的关系，被最有代表性的法家人物，如商鞅李斯等人完全颠倒过来。这就成为儒家的死敌。从根本上讲，他们是服务于王权专制的得力工具，其学说的本质是"治人"，进而反人类反生存。

反儒家事小，反人类事大。我们可以看到所有颂扬铁血暴政者，都会赞颂法家。他们的要害是对儒家由剥离到背叛，离开了一个核心和几个重点，彻底颠倒了儒学所确立的基本原则。

商鞅李斯之流为了强固王权体制，制定了令人发指的酷刑峻法，断绝一切思想萌发的可能，剥夺最基本的人身自由，一切只为强化王权体制。这样的结果是在短期内打造出一架高效冷酷的机器，开始了一场无情的切割和吞噬。

秦国统一了中国。法家得到了肯定。从此食髓知味的统治者牢记了法家的实用主义和铁血主义。人类的悲伤开始了。这作为一种独特的文化，人类历史上最坏的、走到极致的文化，将成为一个幽灵长久地徘徊，潜入人的基因、族群的基因，并不断发生变异。

这种文化将被世代诅咒，却不会灭绝。它会与"伪儒"合体，继续存在下去。我们考察儒家和法家的关系，发现它们最初的血缘联系。当它们各自扭曲并合为一体时，又会产生令人迷离的恍惚感。我们这时最不能忘记的，就是从它们发生剥离的那一刻起，即完成了根本的背叛，与"正儒"成为水火不容的关系。

为暴秦服务的几位"法家人物"，无论从哪个角度考察，都只能是人类最阴险的敌人，是突破人性卑劣底线的标示物。

"伪儒"和冷酷的"法家"可以嫁接，这一点都不奇怪。它们是王权暴政的常客，同属于庙堂，是它们的"题中应有之义"。

历史的选择

　　凌厉的法家走向了秦国政治舞台，特别是商鞅、韩非子和李斯等人的加入，使这个西部诸侯国一变而为"强秦"。残酷变法，血染大地，触目惊心，为人类历史所罕见。一个铁血帝国矗立起来，犹如丛林跃入一只猛兽。

　　齐国与秦国形成对应，一东一西，可谓两个极端。比起秦国的黄土高坡和峻烈酷冷，齐国地处半岛，是一个湿润的海洋性国家，风气开放浪漫。这里有百家争鸣的稷下学宫，会集天下学士多达千人；有人口稠密的都城，有最发达的工商业。中国的冶铁术和丝绸业从这里兴起，鱼盐之利，富甲天下。齐桓公管仲时期已"九合诸侯，一匡天下"，对内施行"九惠之教"，老人、儿童、孤寡等弱势群体都得到援助。即便到春秋后期衰落了，齐国也仍然是千乘之国。无论是精神还是物质，齐国的文明程度皆在各国之首。

今天说到足球起源，要提及临淄；谈艺术更无法略过：仅仅一支吹竽的合奏团就有三百人，还有盛大的《韶》乐的演出。市民的富足及精神风貌，史书上有浓墨重彩。司马迁说到齐国人，用了三个词组："宽缓阔达""足智""好议论"。

秦国施行商鞅"驭民六术"：弱民、愚民、疲民、辱民、贫民、虐民；什伍连坐，大辟、开凿头颅、拔取肋骨、水煮油炸、车裂、腰斩，无所不用其极。"一日临渭而论囚七百余人，渭水尽赤。号哭之声，动于天地；蓄怨积仇，比于丘山。"（《史记·商君列传》裴骃集解引刘向《新序》）经过极端的变法，建立起一个铁血秦国，"横扫六合"，最后一个是齐国。齐国几乎没有武力抵抗，因为在悍厉的铁蹄之下，生死对决已无意义。

冷兵器时代，野蛮战胜文明几成定律。大炮等火器发明之前，游牧铁骑对内地的征战，像秋风扫落叶一般。这是不可更易的人类历史。文明最终战胜野蛮，还要假以时日，等待科技发展产生质的飞跃。秦的崛起就属于这之前的章节，一切并无突兀。

事实上，东方还在诗声盈耳之时，西部已成铁血之都。

让我们再看一些事例。当时的鲁国，孔子已极力反对陶俑陪葬，因为看上去太过像人，令人哀伤。而秦国活人殉葬既成范式，直到孔子去世后的秦献公时期才勉强废除。可惜仍是一纸空文，因为冷血固在。秦始皇刚刚即位就开始兴建陵墓，从全国征用七十万人，最后修墓者被活活埋掉，还杀掉大批宫女侍童、少男少女。

就是这样一个帝国，最后统一了中国。

这个帝国发生的有名事件是"焚书坑儒"，烧毁和埋葬文明。有人曾辩白，说当时烧掉的并非全部书籍，活埋的也不是全部儒生：保留了医书和律书、部分读书人。这也是自然而然的事情，因为秦律和个别有用的书生总要留下。

文明的倒退难以量化，后人可以通过考古，将殉葬的少男少女人数、时间和地点记录下来。有一点是确凿无疑的，它发生在秦国，即今天有人仍在声声呼叫的“大秦”。

一个冷血帝国统一了中国，这是无法改变的事实，是历史的选择。

从此破除分封制，车同轨书同文，统一度量衡。世界其他地方没有做到，比如欧洲，就没有做到。不过秦国的统一是暂时的，成为历史上最短命的王朝。秦之后，中国经历了无数内患外忧，成为世界上苦难深重的族群；仅就丧失的土地而言，进入19世纪、20世纪上半叶，也是世界上面积最大的。

“天下苦秦久矣”，这样的暴政不可能长久。它完结了，但是它遗留的铁血文化却是顽固的。一个族群的深长苦难自有渊源，它不会凭空洇漫。一种最劣质最阴暗的文化与未来是格格不入的，这就是文明的危机。

如果孔子和他的弟子们游走在咸阳街头，说着"仁者爱人"，那将是不可想象的。孔子他们的车队没有驶到那里，真是一种幸运。

儒家还要等待时机。历史会给他们机会。因为人类只要存在下去，"爱"就会存在下去。一个以"爱人"为核心的学说可以被改造，却永远不会被断绝。

后儒的贡献和局限

秦的灭亡对后世是一种严重警示。引起一个族群全面恐惧和厌恶的政体，以秦为首。后来的王朝不得不吸取教训，采用相对宽松自由的方式治理。这就有了与暴秦相反的另一极端：黄老之学。我们都熟悉的"无为而治"，就这样出现了。统治者不得不"与民休息"，博得人心，他们自己也乐得如此，比如研究长生术、尽情享乐之类。

但这种学说的贯彻需要一个基本条件，就是相对的安定。人民安居乐业，少抱怨无反心，宽松的环境才会形成。这是最难的。山川渺茫，人口广瀚，治理从来不是一件容易的事。哲人有一种理论，认为最理想的国家一定是幅员、人口与治理能力相匹配。也就是说，任何的管理能力都是有限的，有多大本事管多大的地方。如果土地面积和人口超过了管理者的本事，就会天下大乱，如民不聊生和战乱分裂等。

哲人的理论还需要观察和讨论。不过秦代以后的混乱频频发生，民众时常陷入水深火热之中，却是不争的事实。统治者发现"无为"的"黄老之学"终究不是长久之计，强化"有为"的治理势在必行。

离开"无为"的黄老，又不敢蹈暴秦覆辙，就只能走中间道路了。因此，讲"爱人"，守"中庸"，认为"过犹不及"的儒学，就成为适时学问。这就是儒学走到政治、学术与文化中心的原因。这是一次历史的机会。

从此，声名响亮的大儒应运而生，开始了一场文化与思想的接力。实质上这也是一次有意无意的集体反击：在这片土地上，无论是政治还是文化，都"苦秦久矣"。

儒学从孔子的时代，再到后来的战国，更不要说秦与初汉了，或是诸学之一，或处于禁绝状态，从来没有像西汉后期那样尊显。它渐成官家的首倡学问、整个族群的指导思想，是一个划时代的事件，其意义当远不止于文化层面。

由此发端，大儒有了用武之地，他们前所未有地展开自己的学说。孔子作为原儒，既是正典之柢，又是概要和基础，余留很大的解说空间，后儒只要找到一个端口，就有可能走到深处和广处。后来的董仲舒、周敦颐、张载、二程、朱熹、王阳明等，都是应运而生的巨擘。孔子与他们之间隔开一位巨人，就是"亚圣"孟子。

他们是"正儒"的最大贡献者，这有不朽的文字作证。可是，他们也将成为"伪儒"的借用与掩护，既有局限也有贡献。这种缘由来自时代，有时身不由己，有时则顺势强为。机会主义和用心的学问合而为一，成就了中国学术史上的一大奇观。

官家利用和吸纳"儒家"，就会偏离学问的核心，转移到他们需要的重心。这些手段和企图，对于知识人来说是很容易理解的，关键是愿不愿意配合，做不做、做多少。他们最后不得不把握机会，一边有所迎合，一边沉浸在自己的学术中。这就出现了儒学的尴尬：一切深入辨析的学问都自带晦涩，大儒们的强力发掘难以抵达民众，而被抽离了主体、简化潦草、庸俗乏味的"伪儒"，却很容易作为一个符号普及开来，成为日常的"共识"。儒学就这样蜕变和演化，渐渐被疏离、被厌烦，直到成为令人作呕之物。

官方容忍大儒的学术，是有条件和有限度的。

尽管焚书坑儒事件过去了很久，余寒仍然冻彻骨髓。学人必须小心谨慎，如履薄冰。后来不断出现的文字狱，说明为学之人再大的机警和戒备都不过分。这就是秦代铁血文化留下的烙印，后果极其严重，它将永远威胁和拖累一个族群的文明。思想不能自由，飞扬的创造是不可能发生的。

回看诸儒，董仲舒的"天人感应"，张载的"用"与"知"，二程的"理气"说，朱熹的"理欲"之辨，王阳明的"心学"，都是深沉见性的学问。可惜在严酷的专制环境下，这些学说或被刻意转移和扭曲，或因言说者本身的"入世"功利，终究难逃可悲的命运，不是落满污垢，就是成为王权锻造的精神枷锁上的一环一扣。

盘点如上大儒，他们个个聪敏过人，谨言慎行，却仍然坎坷多舛，甚至险遭刀祸。

回到儒学原初，从中会发现一些遗传因子，也就是文化基因的问题。孔子的言传身教，给后代的印象是，人生的最大贡献莫过于参政，知识的最好去处就是服务君王。虽然他也有过另类表述，如对父母尽孝、善待兄弟就是"参政"，还说加入无道的集团即为堕落。但这些思想难以付诸实践，也没有太多阐释的空间。

人们记住更多的，还是孔门汲汲于仕途，对君王格外殷勤畏惧。这就为后来的知识人做出了示范，成为最可效仿的榜样。

在杀伐惨烈的春秋时代，在极致化的丛林法则之下，对孔子的谴责显得苛求，反过来却对他的人生道路极易理解。孔子追求知识人"入世"的有效性，保全自己就成了一个前提。子路是他最喜欢的弟子之一，他曾担心这个青年因过于刚强而不得善终。结果真的应验，子路下场十分凄惨，最后死于对决，被敌人剁成了肉酱。

外有暴政胁逼之迫，内有入世求功之心。"伪儒"的形成，最终也是一条必然的路径。

加入者的哀伤

儒学的正途似乎从一开始就昭示：学习和求知是为了"加入"，为了有朝一日跻身殿堂。所以士人争做"帝王师"，这个欲念十分强烈，以致世代相染。不"加入"，好像学问就没了去处，这成为一个奇怪而又坚挺的逻辑。

王权专制时代很有一些才华逼人者，他们既是一代能吏，又有道德文章。韩愈、刘禹锡、柳宗元、范仲淹、苏东坡、陆游、王阳明，一路历数下去会有长长的一串。他们厕身庙堂，如不能隐忍，就一定要苦苦挣扎或凄然离去。党争，文祸，直谏，一旦朝廷雷霆震怒，士人也就难脱杀戮，受到凌辱以至丧命绝不罕见。"仁者爱人"已成奢谈，在残酷的专制淫威之下，谁爱谁呢？

不过无论如何，天下的读书人还有一条路，那就是尽快"加入"。这都是先儒的号召，孔子车队一路发出的辚辚声，就是催促和命令。他们争先恐后往那辆马车上爬，唯恐掉队。

上车下车，进入朝堂，开始也许得意，渐渐心如死灰。他们发现王权体制最终是难以进化的，说到底这里布满了野蛮人，而儒只能是一种文明。他们寄希望于进化，却发现了水与火的关系。官本位的本质是权力本位，而权力又是刀剑维持的，所以说白了是"刀剑本位"。

儒者实在忍不住，就会像鲁迅那样，"怒向刀丛觅小诗"。这在几千年的专制统治中无有例外，所以同为读书人，也就有了肝胆侠义和阴鸷小人。分裂，合流，拼争，苟且，殉节，代代延续，无非是这一切的混杂和重演。

一个儒者，只要"加入"，也就脱不开诸多考验和历险。

孔子当年为师，教给弟子"六艺"，包括礼仪、音乐、计算、驾车、射箭、识字，这在当时已经算是文理兼备了。可见孔子是一位认识超前的教育家，他重礼仪，却不唯礼仪。在这样的环境下成长起来的弟子，思想应该是开放的、现代的。孔子深知审美的意义，擅长音乐，迷于《诗经》，更有数理的实际应用。事实上，他在论说从政的要义时，总是把民众的智识开化放在最重要的位置。

可惜像一切被入世和责任压迫的知识人一样，孔子还是太急切了。

他认为最快的方法是做一个拥有实权的施政者，快速而便捷地改变一个地方的面貌，施惠于民。这种效果是肉眼可见的、显著的。他有过亲身经历，所以对此坚信不疑。这种思路好像并无大错，但问题是最大的权力只属于君王一人，顶多是一个集团或一个家族。权力是不容分享的，哪怕是借用和挪用一点点，那都是极端危险的。

在巨大的不可抗力面前，越是纯粹的书生越是难以应付。悲剧也就屡屡发生。

知识人总想寻一个例外、想尝试，有时真的会遇到类似的机会。但这只是偶然的、昙花一现的。因为老虎也有打盹的时候。

纵观历史，其中的道理并不复杂，只是大部分书生太顽强太痴迷，不愿缺席，还有不少的侥幸心理。总以为时过境迁，暴秦覆灭，仁政还朝，孔子成了"至圣先师"，孔庙烟火旺盛。其实，透过依稀的烟气，他们不难望见头戴王冠的孔子，那张被冕旒遮挡的脸有多么陌生和怪异。坐在"大成至圣文宣王"之位上的人，真的是他们心心念念、仰望崇敬的孔子吗？

怕就怕细看和近看。那当然不是孔子。

那是谁？那是什么？是帝王的分身，是他们塑造的另一个标准像。"文宣王"也是"王"，同样执掌生死予夺大权。所以自古以来，畏惧权力并深知其残暴的人，连同仇恨王权一起，仇恨起孔子，诅咒他还要打倒他，让他永世不得翻身。

这种种情形都是可以理解的。孔子地下有知，会愤怒还是自责？他是一个极为谦卑的人，一个能够自我反省的人，所以一定会从中看出端倪，进而深入追究和反躬自问。他会承认自己的迁就和软弱，还有或多或少的机会主义心态。最后的鉴定是痛苦的，但他不得不正视和面对。

总之，把孔子说得十全十美不仅毫无益处，而且与事实不符。他是一个人，必有人的弱点，也必有时代的局限。比如当时的他不积极从政，干什么更好？务农不如老圃，经商心有不甘，教育和著述似乎最好，但他已经做过很长时间了。

儒家们随时可以见到君王的毕竟是少数，他们和君王之间发生最多的是"潜对话"，讨论最多的是"爱"。君王说："朕有三宫六院七十二妃，是很能爱的。""这只是兽性和淫欲。这里说的是'仁政'，是'爱人'。""啊，那有什么。只要老实，当官的有俸禄，为民的没饿死。时下又非暴秦，哪个好生生的被腰斩活埋？""这还不够。'爱'很容易感受，也可以量化，如沉重的税赋，强掠，苛政，百姓一无所有，宫中穷奢极欲，这可不算'爱人'吧！"君王震怒，发出一声闷吼："哞！"

他们被粗嚎惊醒，吓出一身冷汗。

与时间赛跑

孔子面对河水，发出长叹："逝者如斯夫！"他痛感时间的流逝，自己要做的事情太多，一切都来不及了。他嫌车队太慢，从一个国家到另一个国家，时间耗在漫长的旅途上。他觉得自己正与时间赛跑。

他要寻找一片土地、实施一种主张，它们已经在心中成形。他认为用道德来治理国家，治理者便会像北极星一样，在一个恒定的位置上被星辰环绕。道德的力量深沉久远："如果用政策法律引导民众，用刑罚来整顿世道，民众只会暂时避免犯罪，却并无廉耻之心；如果用道德来诱导他们，用礼教来影响他们，民众不但知道廉耻，而且会从心里归顺服从。"

他从事教育多年，培养了一大批弟子，却又深感不安。人格与学问的蓄养是缓慢的，坐而论道虽然重要，却不是眼前的事功，更不是唯一的方式。他遍读典籍，研习礼仪，与弟子们共处、议论，目光越来越多地投向远处。

在五十多岁的时候，他做了鲁国的中都宰，后升任大司寇、摄行相事，终能参与高层政事，弟子们也纷纷在鲁国做官。这等于是知识和学问的实际应用，让理念经受现实的验证。

在他的一生中，这是最贴近社会实践的时段，超过了前后任何一个时期。他从鲁国政事中退出后，率领弟子们在更大的范围内尝试，都不再有机会进入国家的行政高层。

孔子担任政要时做成了一些大事，史书明确记载的有"堕三都"和齐鲁会盟。他作为国政参与者，智勇兼备，堪当重任。儒者不是书呆子，他们只要"在其位"，就会"谋其政"，处理棘手事务，显示过人才华。

如唐代的韩愈和明代的王阳明，都称得上文武全才。可惜这些罕见的天才人物机会不多，他们像流星一样稍纵即逝。

孔子在极其艰难的政治环境中做出了实绩，也获取了实际操作的感受和经验。他在行动方面有些急切，因为要尽早做成一些事情。

政务需要面对具体事务，最终化为"德育"，才算"仁政"。他一直将道德教化置于最高的地位，认为在社会治理方面，既要讲实效明责罚，又要知礼仪有道德，后者才是更可信赖的。他急于上路，却要走向一个极其高远的目标：道德的孕育一定是缓慢达成的。心情与过程，这二者形成了一对矛盾，而且必须终身面对。

时光流逝太快，如同河水一去不返。

我们遥望河边的孔子，常常会有一些假设：如果他在匆促坎坷的旅途上早些停下，该是多好的事情，既免除了车马劳顿，又回避了危难屈辱。以他的敏感和自尊来说，太需要从熙熙攘攘的道路上离开，回到一个相对安静的地方了。在少有市声的角落里，他和弟子们能够更加深入地思索，展开著述。

是的，他培养越来越多的弟子，将是对历史、对族群文明做出的最大贡献。还有著述，编《春秋》，订《诗》《乐》，都是不可替代的工作。可惜这一切还要再晚一些，到了真正的晚年才能重新着手。

事实上，没有他的晚年劳作，中华文明将是多大的缺憾。

那都是安静的、斗室里的事业。

河水流逝，不舍昼夜。深沉如孔子尚且不能安坐如初，可见时间对人的催促，它的力量有多么强大。从古至今，所有人都处于急迫的催促之中。长河奔流，人在岸边，是焦虑的过客。

孔子的车队一旦上路就会快马加鞭。车队辗转中原，驶出故国后很少安歇。在旅途上，他和弟子们遭遇饥饿、围困、监禁、追杀，这些都得到了记录。他们在陈国断炊，大家都饿病了，连最有勇气的子路都向老师发问："难道君子也有穷困的时候吗？"

这里面的自嘲和讥讽，哪些更多？

孔子答:"到了这般境地,君子会挺住,而小人什么都会干的。"

这里面的自励和警示,哪些更多?

孔子的队伍越来越不好带了。这是一条求仕之路,也是一条误解之路、凶险之路、考验之路。最激越的进取和最庸俗的乞讨混在一起,无法解说。君王知道这位曾经的大司寇风光过一阵,很能做事,不过一旦起用,又会妨碍自己和身边的大臣。君王对能够辅佐自己的人才当然求之不得,但会仔细权衡利弊得失。君王说物利、强军征战,而孔子口中则不离仁政。他们谈不到一起。

这样的记录,让我们想起战国时期孟子与齐宣王的一场趣谈。孟子那一次讲了不少"王道""仁政",君王说孟子谈得很好,可惜难以施行:"我这个人啊,毛病不少,好乐、好勇、好色、好货。"这位君王倒也直爽。谈话是在齐国一座华丽的行宫里进行的,它叫"雪宫"。齐宣王问孟子:"你们这样的大学问家也喜欢这样的地方吗?"一副得意而轻浮的模样。

从春秋到战国，时代变了，学人与体制的关系没有变。

他们与君王无法交谈，最多的探讨还是在老师和弟子之间进行。这是另一场有名的讨论，发生在旅途上。弟子们围着孔子坐下，听老师发出感叹：自己老了，没人用了，接着发问："你们年轻，如果有人用你们，准备怎么干呢？"

子路说：如果交给我一个千乘之国，哪怕外有入侵之敌，内有饥荒，治理三年，就能让这里人人有勇气、懂礼仪。

孔子微笑，问另一个弟子冉求。

冉求说：给我一个小国，三年后可以让它变得富足。至于礼乐这些事，那还得请贤人君子们来干。

孔子又问弟子公西赤。

公西赤说：我想好好学习，祭祀和盟会时穿上礼服戴上礼帽，做个小司仪。

另一个弟子叫曾点，正在弹琴，当孔子问到时，他铿的一声停下，站起来说：我与他们三位不同，没琢磨这么多，只想到了春天暖和了，和几个大人小孩去沂河洗洗澡，去高台上吹吹风，一路唱着回家。

孔子长叹一声："我同意曾点的主张！"

这场谈话，最后没有落在严肃的政事上，而是表达了闲适舒畅的日常向往。这里说到了沂河，再次让人想到了不息的流水。这又提醒了时间的无情。人永远与时间赛跑，有做不完的事情。孔子跋涉太久，已经累了，渴求一份自由宽松的生活。这才是人的生活。

被掩埋的遗产

透过几千年的文字栅栏，我们看到的孔子是一位普通人，又是一位趣人、智者和哲人、通透而理性的人。他时而给人一点神秘感，常常谈到"天"，会让我们感受到一种特别的敬畏。他似乎在说某种无处不在的决定力、一种不可思议的存在，天地万物都在其中运行。由此，我们会想到另一位哲人康德，他这样说自己的敬畏："天上的星空，心中的道德律。"

据可靠典籍记载，孔子去世前曾唱起一支歌，歌词是这样的："泰山就要塌了，梁木就要折了，哲人就要死了。"

　　这是一首哀歌，令人悲伤和沉湎。一位老人在永诀前竟然唱起来，以歌作别。他一生都离不开旋律，对音乐无比热爱。对他来说演奏从来都是一件大事，所以进入晚年后，才要用大力气去订《乐》，让古老的乐曲一一归位。他早时候给弟子授课，中间也要演奏乐器。

　　他对音乐有深入的感受力，许多时候沉浸其中，以此为美好的享受。最不能忘记的是他对那首宏大交响曲的吟味：闻《韶》后三月不知肉味。这是一个最会品咂的人。他这样议论："一首乐曲开始演奏时，翕翕地热烈；继续下去，纯纯地和谐、皦皦地清晰、绎绎地不绝，直至完成。"他说《关雎》的结尾："洋洋乎盈耳哉！"满耳朵都是音乐，欣悦忘情，沉醉到无以言表。

　　诗乐同体，不可分离。孔子一生沉迷于诗。他让儿子好好学诗，说不这样就不会说话。"诗可以兴，可以观，可以群，可以怨。迩之事父，远之事君，多识于鸟兽草木之名。"他赞扬《关雎》："乐而不淫，哀而不伤。"说三百首诗可以用一句话来概括："思无邪。"

　　我们如果一定要在"刻板僵化"和"感性丰盈"之

间选择一组，用以接近和描述孔子，那么必会倾向后者。这样一个多姿多彩、敏悟浪漫的人，顽固而忠耿地站在君王之侧，做一个传声筒或按时敲钟的执守，是不可想象的。

他的车队已经上路，驶向庙堂。车上的人都是他的弟子，与老师心志一致。他们要进入庙堂，这没有异议；但他们进入庙堂之后要干什么、车上装了什么工具，却没人深入考察。

省却了这些察验，只看车队的方向和表面动机，会留下完全错误的结论。孔子的车队在徘徊，搅起一团历史的尘烟。对于历代统治者来说，这支车队的存在、它的方向，是最值得称许和赞美的。作为一笔不可估量的遗产，孔子留下的到底是什么？它属于谁？又由谁来继承、来认领？

这些无穷无尽的争讼，至今还在进行。

历代统治者众口一词，说车上再清楚不过地坐了一群忠君之士，他们一生的志向就是奔到我们身边，维持永恒的秩序，服务坚固的体制。在森严的等级中，这是一个特殊的群体，他们只能进入，不能离开。他们属于管理序列，是一架复杂机器上的一颗颗螺丝钉。

车队一旦进入庙堂，就全部交给了官家。车辆归库，马匹入厩。车上的东西被细细挑拣，有的存留，有的扔掉，有的则要深深掩埋。深宫似海，关于一行人的消息，传到民间的极为稀渺，而且大多不可信了。

领头的人学问深广，心思厚重，是海内首屈一指的礼仪专家。问礼仪，找孔子。他说对就是对，他说不对，那一定是出了问题。不过每个时期都有自己的司仪，而所有的司仪都要出自官家，所以拥有一位严格的道德执法者，是天下安定的大事。历代官家最庆幸的，就是有过那样的一个车队。

车队的走向，它的目的地，是明确无误的。

只有当年与孔子朝夕相处、忍饥受饿、一路受尽折磨的弟子们，才深知老师是怎样一个人。老人急切，时而绝望，固执顽强，对君王既畏惧又失望，对君王为首的集团充满惕戒。老师认为所有的苦难、民众的灾殃，责任都应该由君王来负，他和他的集团难辞其咎，罪愆深重。

为什么他的车队一定要驶往那里？因为所有的风都来自那里，风过之处，民众就像草一样倒伏。至于狂风能否吹翻他的车队，他似乎已经忘记了，或者没有时间考虑自己的安危。

老人对这一行辎重颇有信心。底气何来？他说过："三军可夺帅也，匹夫不可夺志也。"志在人心，属于信念，它由人生路径和天生气血养成，要夺走是极难的。就因为极难，剥夺者通常会采取简单粗暴的办法，从肉体上加以消灭，让心志无处存留。这是一了百了的方法。

弟子们知道，老师是一个幽默多趣的人，看上去十分谦和。他说到层级、秩序的信守，最初是很中听的，君王们忍不住叫好。但听下去就有些不对了，因为他重点强调的是君王一定要像君王的样子，"政"就是"正"：所有不正的君王，都是秩序的毁坏者。

君王们终于听明白了，这个家伙是冲他们来的。

下面发生的事情就是严厉的搜查了。车上所载的一切都要再次盘点和询问。一点肉脯、一罐米酒、一袋干粮，都要一一验过。最后，在一堆给马匹准备的草料下面，发现了一些硬邦邦的铁家伙。"这是什么？"他们问。

弟子们如实回答："这是一些扳手。"

"书生嘛，带这些家什干什么？再说了，入宫能带铁器吗？"问话者越来越横，最后盯住了领头的孔子。

孔子不改颜色，回答低声细语："哦，这对长途跋涉的车队来说再正常不过了。想想看，旅途遥远，坎坷泥泞，轮毂坏了，随时都要修理的。"

问者无话，但狐疑未消。为了保险起见，他们只放人进去，所有的车载之物都要没收，然后埋掉。

这一场掩埋是孔子和他的车队遭受的最大损失。

他们携带的扳手，只有一个用途，就是找个机会，拆卸和改装这台隆隆转动的专制机器。他们实在高估了自己。实际情形是，即便放手让他们去做，最终也会发现：在这架庞大而古老的、锈迹斑斑的机器面前，哪怕松掉一颗螺丝钉都很难。

无休止的抢夺

　　孔子最重要的遗产被掩埋在历史中，时间过去太久，就很少有人能够说清整个事件的细节了。最后剩下的争执就是，那个车队，特别是领头的，他到底属于谁的人？官家不想陷入争执，更不屑于辩论，而是直接颁布任命，并且一再提升层级和职衔。

　　鲁哀公追谥孔子为"尼父"，直至民国追封孔子为"大成至圣先师"。历代下来，已有过近二十次追封，如"褒成宣尼公""文圣尼父""宣父""文宣王""至圣文宣王""大成至圣文宣王"，不一而足。

　　引人注目的是，这些追谥中多有"文宣"二字，使人产生诸多联想：尽管时代不同，语义多变且指代有异，但无论怎么变换，仍然让人想到一个现代说辞，即大致还属于"宣传文化系统的干部"。

最值得注意的是，孔子是始终难以绕开的一个人物、一个符号。这个人一定在我们的文化中、生命中，在族群的某种核心地带占有特殊的、关键的、极要害的地位。他涉及的问题有一种生命和生存的敏感性。对他，不同的人出于不同的立场和目的，可以表达拥赞、反感、厌恶、拒绝甚至唾弃，但耳边总是摆脱不掉那个人的盛大名声。

这才是要命的事情。

中国人提到他名字的频率很高，外国人也是同样。从很早以前开始，外国大哲们就关注和议论这位东方的"圣人"，有的推崇备至，有的则不以为意，说他不过是个提倡好人好事的和善老头罢了。但无论如何，他们都认为他是一位影响深远的人物。他展开思想的时间大致与西方的毕达哥拉斯、苏格拉底等差不多，但与他们的色彩和质地差异太大了。这个东方哲人似乎不如同期的西哲们一样满口逻辑论辩，但内在理性依然强大；他留下的感性空间开阔深渺，可以言说和追索的东西也就更多，当然也更容易被歪曲。

古希腊城邦产生的毕达哥拉斯学派，以及苏格拉底、柏拉图诸哲，是特别社会环境的产物。没有当时民主政体的兴起，公民制度、平民议会、政治宗教哲学科学结合的盟会组织，他们就不会出现。苏格拉底、柏拉图和孔子一样，都是以对话方式教学的，不同的是他们努力将修辞改为推理，而孔子有更多的感性。

在表述上，感性和伦理经过显在的逻辑验证和厘定，递进到理性层面，就有了更坚硬的质地。这是东西方文化的差异，属于文化基因范畴。

历史上的很多时期，儒学都是显学。大儒代代不绝，他们开掘、鉴别、认定，都在直接或婉转地指出：孔子是我们的人，一个纯粹的圣哲、道德典范、思想者。他们不愿妥协，又不敢开罪官家，只能想尽办法，绕了不少弯，说明这一点、坚持这一点。这样的孔子会稍稍独立出来，获得一些独立知识人的尊严。

　　孔子到底属于谁？统治集团？上层贵族？知识群体？底层民众？他究竟是一个帮闲者，还是一个隐伏的反抗者？一个守旧的老派人物，还是一个处心积虑、运筹深远的变革家？他是一个传统意义上的"官迷"，还是现代意义上的"保守主义政治家"？

　　这些错综复杂、时而纠扯的难题，唯其艰涩，才有拆解和分析的意义。孔子是一个争议最大的人，是多方阵营争夺的人。因为目标太大了，对于不同阶层来说，用处也太大了。如果他是一个人微言轻、没有多大用处的人，早就没人理他了。

　　但争来夺去，还是达成了一般的共识：孔子是王权统治的专属品。因为历代统治集团专门下发了许多文件，事情好像早有定论。但问题是，这里面还有许多学术和学问的麻烦，而这一类东西是不能靠一纸决定就能解决的。学术交给学术，学问要找专家，就这样，问题还是继续下去，往前看好像也没有终了。

　　这个事件重大吗？非常重大。所以研究孔子和儒学的机构很多，国家从过去到现在，不知耗费了多少人力物力，掷下巨资也在所不惜。因为关于他的归属问题搞不明白，国家和民族的一笔巨大资产就处于搁置状态，这是很严重的。他既是文化资产，这就更不得了。弄清这笔资产的所有权，将决定它如何使用和投放，可以生出难以预估的现实收益。

问题的实质就在这里。这也是历代争夺不已的原因。属于谁，谁就能随意使用，获取最大的红利，道理就是这么简单。正是因为归属权涉及这样严重的性质，所以轻易拱手相让的事情是不会发生的。

朝廷有公权力，于是强制性的判决不断做出。但各路知识人以学为本，认为自己才拥有深度解释权，于是不断挪动学问的重心，不知不觉间就把一个牌位给移了位。"孔子是知识人的代表"，他们肯定地说。不过孔子是怎样的"知识人"、根基扎在哪片土地上，他们却一时难以断言，以致众说纷纭。

"知识人"本来就是千差万别的，他们既非一个特定的群体，也非一个固定的阶层。他们其实也需要依附，需要吃饭，需要随时归置。简单地将孔子说成一个

"知识人"的代表，比如一再论证他的博学之类，既没什么意义，也无关痛痒。

最大的争夺发生在专制权力和它的对立面之间。

王权体制我们是熟悉的，它的地位也一直是确定的。它直接的对立面是谁，却很难确定：有时候是"大众"，有时候又不是。当"大众"非常欣悦驯服的时候，就不是对立面了。我们甚至可以说，有什么样的"大众"，就有什么样的专制体制，二者是相互谐配的，所以它们常常是一体两面的关系。专制体制是压迫和掠夺"大众"的，但是"大众"又能够载起专制体制这只"舟"。

这就是"水能载舟亦能覆舟"的道理。"覆舟"时，"大众"就成了不折不扣的对立面，而载"舟"时，能说是吗？可见"民众"与"政体"的关系史，只是一部不断翻篇的、专制暴政存续和倒塌的演义史。

专制暴政的真正对立面，说白了，不过是自由理性的个体，是反思者和思想者。精神的个体才是真正有力的。他们不以人数论，而只是孔子口中"和而不同"的一类。这一类不能归于"大众"，只有他们与统治者之间发生的争夺，才是最有意义的，也最关乎痛痒。

纵观孔子一生言行，他当然不属于王权统治集团，不是他们当中的一员：从利益、目的和初衷看，双方显然有根本性的差异和冲突。但他又不像一个直接的对抗者，许多时候二者能够合作，尽管相处时间长了也会有问题，最终分歧矛盾凸显，分道扬镳。

孔子是一个贵族，却一生考虑民众生存、天下安定，是一个仁者。不过他很少与民众为伍，不属于民众的一员。他对民众是心存疑虑的，说过"民可使由之，不可使知之"这样的话，因为深知"由之"易，而"知之"难。他既不是现代意义上的中产阶级，更不是无产阶级，而大致接近于"职业学者"这样的身份。他进出庙堂是源于实用主义的责任，是天真未泯的春秋时代知识分子的路数。他想当帝王师，却又难以博得帝王的好感。他是一个高高在上的骄傲的人，虽然出于固守的礼节，也会遵行君臣之礼。

他骨子里是决绝的，行为上是有分寸的。

他是为"道"而活着的人，敬畏上天，并且一生都在努力感受和体味"天道"。他怀疑民众的欲求，因为这些欲求与"天道"有很大距离，二者远非一致，所以他从来不是一个民粹主义者，也没有这样的倾向。

他十分浪漫，但在公众场合看上去更像一个完美的、拘谨的"司仪"。他骨子里是一个诗人或音乐家，简而言之，是一位天资优越的艺术家。他有多方面的才能，如有机会，还可能是一个军事家。他思维的缜密性是十分罕见的。

就是这样一位非凡的人物，在几千年的时光中被多方抢夺，最后还是没有定论。他到底属于谁？属于哪一方？

难道他真的如同部分现代人所言，是一个独立于世的知识分子、一个思想者？

正因为他的本心保持了独立不倚，所以从旁看来很中立。中立的人就可以争取。

争取的努力停不下来，孔子的归属问题也就仍旧不能解决。

在歌声中归来

孔子一生的行迹中，有一个情节给人印象最深，就是他在途中与弟子们论政，几个人分别畅谈了自己的理想之后，孔子发出的一句感叹。前边几位讲出的治国志向或大或小，孔子听了只是微笑，未置可否。最后一位的回答简直算不得什么志向，因为他说自己不过想跳进沂河洗洗澡，吹吹风，然后唱着歌儿回家。孔子听后不但没有失望，反而十分赞赏，说太好了，跟自己期盼的一样。

这番对话很妙。孔子一生奔波，大好时光像河水一样流逝，总也停不下来。他真该勒缰息马，让自己好好歇一歇了。

孔子爱音乐，爱唱歌，可是为了一种理念和一种生活，还是不得不板着脸。就是唱歌，也多半是礼仪庙堂之歌。而那位弟子所说的唱歌，却是自由自在的心曲。童稚情怀，返璞归真，这才是生活。

可惜一个人在世俗功名之路上走得太久太远，已经无法折返。说说容易，高兴一阵，还得上车。去哪里？去郑国，去陈国，去齐国，求见一些不得不见的无趣无聊的人物，他们是贵族，是君王，一个个身份显要，握有重权。没有办法，要办事还得找这些人，他们各自占据一个重要的关隘，难以绕行。

要战胜心中的矛盾，全靠顽强的意志。这样的人生需要太多隐忍，也实在辛苦。

孔子难忘自己的前半生，那段经历实在太不容易，可能也在很大程度上决定了他的性格和心志。他出身贫苦，三岁丧父，虽有贵族身份，但属于最低等级，学习和奋斗的道路格外曲折。少年时期，他一直和平民子弟一起，操同一种语言，有相同的情趣和习俗。进入贵族行列，只是刚刚起步，要融入其中，还有一个过程。这里面充斥着屈辱、沉郁、观望、磨砺，无数的心迹，更有感触，都将伴随一生。

因为来自底层，困窘的过往注定了一些东西，它们会左右人的情感及其他。苦难会锤炼一个人，也会扭曲一个人。人在低处的视角不同，对上有一种本能的仰望，滋生出一份敬畏和思慕、自卑和嫉妒、难以消除的压迫感。当然，这种人生仰角也别有洞悉。

因为一切都由过人的努力和辛劳所获，所以更怕失去。自我保护的能力强大，猜忌的痛苦也多。非常谨慎，极其尽心，吃苦耐劳很是平常；学习不能停止，一生都在进取。

孔子经历的非常曲折的少年时代，也会影响到他自身的性格和品质。比如，他对不努力不上进的弟子十分失望，责备严厉，甚至动粗。他也许正不由自主地教导弟子，希望他们能够复制自己的道路。在他看来，"学而优则仕"是自然而然的。

他出任鲁国大夫，做大司寇和摄行相事的经历最可励志。弟子们眼前有一个成功的榜样。那个时段他自己在政坛上大有作为，弟子们也多在鲁国从政，可以说很是做了一番事业。

从政坛离开是万不得已的事，远非自己所愿。他希望这只是暂时的。从此一别政事不闻不问，是不太可能的。学问和见识如果不用于社稷，不施于治理，那就是大材小用了。但想不到这样的机会失去也就失去了，孔子和弟子们后来虽然多有尝试，像以前那样的风光和作为再也没有了。这是一生的遗憾和伤痛。

孔子的车队在路上辗转时间太久，他作为一位导师、一位领路人，年纪已经很大了。一路创伤累叠，也多有训诫，终于迎来了人生的回返时刻。出走和归来是道路的两端，现在正连接成一个生命的回环。故国家园，研习独处，弟子书声，是这样一种生活。比较起来这是最顺适最愉快的一段光阴，"学而时习之，不亦说乎"，那种快乐是难忘的。

自卫归鲁，孔子就重返书斋了。可能仍有几位弟子与他一起研习讨论。这是极好的时光。这时候的孔子安定充实，也多了一些弄琴的心情，歌唱的次数增多了。

他在几年的时间里，做成了一些中华文化史上的大事，订《诗》正《乐》，乐此不疲。我们如果回头总结老人的一生，猜测他的心绪，得出的结论会与本人有根本不同吗？庆幸长旅折返，还是多有遗憾？

他是一位思索者、探究者。他为世界做出的不可替代的贡献，当然是"言"，其次是"行"。

可是这里要问：舍掉了"行"，会有"言"吗？这就牵扯"知"了，因为无"知"则无"行"，也没有了"言"。"知行合一"是后来大儒王阳明昭示的，这里的"知"指"天赋良知"。孔子一生的行迹和探究当然也囊括了"良知"，"行"是发掘和展开的过程。

从这个意义上，我们更加理解孔子的言行一致，他的车队、书斋、庙堂、弟子，都是一个整体，难以分割。他因为有出发，才有归来。他的"咏而归"，实在是一种必然。

当年他在世时，弟子们对自己的老师虽然也有"圣人"之议，但与后世的概念仍有不同。那只是说说罢了，没有多少人当真，更没有大范围的认可与回应。他真正成为不可撼动的"圣人"，还是很久以后，是朝野与学界的通力合作达成的。从不同的方向呼叫这个称谓，目的完全不同。统治集团嫌这两个字还不够隆盛宏大，又加了许多追封，这里半是搪塞半是愚弄；而民众本来就需要各种神祇；理性的知识人则另有所为：树立一个不可摧毁的学术与思想的榜样、一个大目标。

　　孔子的真正归来，是还原他所赞许的那个放松自由的形象：唱着歌，一路往家里走来。一个真切的和蔼可亲的生活中的人，热情、专注、认真而有趣。

无情的指责和追究

后世对孔子的赞美不断出新、出格，常常是语不惊人死不休。反过来，骂起来也同样凶狠。冷静之后，还原真实的孔子，我们会发觉许多人真的是用力过猛，甚至是没事找事。

每个人都瑕瑜互见，从不同的一端揪住，都可以扯到很远。但如果只是为了作出自己的文章，结果会适得其反。一切还需要朴实本真，议其所议，论其所论。现代文本批评学中出现了一个有趣的概念，叫"能指""所指"。这里不妨沿用其中的道理，让我们先找准孔子的"所指"吧，因为"能指"太多，就会乱套。尤其像这样一位内涵丰富的历史人物，最好不要在散漫的方向上随意繁衍，弄到无边无际不知所终。

孔子作为专制体制拿来说事的工具，确实危害至大。这方面的评估无论怎样都不过分。在现代，人们的指责和批判不是过了，而是远远不够。但是我们将孔子放在一个真实的语境中，从中考察言行表里、发生发展的内在逻辑，进入一个求本溯源的理性系统，又会发现人们的诸多激愤，发泄的对象不是孔子本人，不是"正儒"，而是"伪儒"。也就是说，是按照王权统治集团的阉割改造，更有无良知识人和愚民参与攒起的一套"儒学"。

可是，孔子一再地被"吃豆腐"，其中必有一些特别的缘故。因此，我们也大可发问：孔子自身的责任又在哪里？

这正是今天需要讨论的重点之一，它无法回避。

孔子被一再地利用，并无数次经历各方面得心应手的改造，其自身一定有软肋、有弱点，甚至有大缺憾大硬伤。这还要从一个族群的文化基因着手，是染色体的问题。比如"儒学"与"王权"同属一片文化土壤，在遗传学的"双螺旋结构"中又是怎样一种关系？这些辨析会是烦琐的，一不小心还会犯错。但这个工作一定要做下去。

歌颂和批判孔子都是容易的，成词太多，拣来即用。但这些陈词只是数量上的累叠，不但无用，反倒混淆是非，将已经模糊的棱面弄得更加浑浊。

今天的人希望几千年前的孔子更有"现代性"，起码有一些同时期西哲差不多的举止。比如古希腊时期曾有过城邦制，而春秋时代的东方是不存在的。人们想看到一个更为独立的知识人形象，而不是紧紧依附于上层统治集团。比如，他若更多地讲学，造就尽可能大的知识群体，对社会将是更大的贡献。再比如，他过早地舍弃教育和传承的工作，长时间奔波于不同的诸侯国之间，极力参与政事，这本身就很糟糕，让自己变成了一个坏的榜样。说白了，作为一个知识人、一个知识群体，他太给统治者面子了。

这些评议姑且听之。置身事外、时代之外，怎么说都是容易的。生存之难对谁都一样，对任何时代都一样。难处之不同，也就划分出不同的时代和不同的人。关于春秋时代，有两种通常的说法，叫"礼坏乐崩"和"春秋无义战"。人遭遇残酷的世相，不是人选择了时代，而是时代选择了人，人是被动的，所以人就更加不幸。

孔子是不幸的。他要活下来，然后才能有所作为。他差一点没有做到。所以他最终还好，活下来，做了那么多事情。于是后人才有可能挑剔他。后人有指责前人的权利，但慎用这种权利也许更好。

这里让我们再次比较大致活在同一个时代的东西哲人，他们的相同与不同。与孔子一样，古希腊的毕达哥拉斯也曾积极参与政治活动，并一度进入当地贵族的决策核心；苏格拉底当过执政官，入选了"五百人议会"；柏拉图做过国王的老师。他们和孔子尤为相似的是，最后都回到了原来的教学和著述中，都拥有自己的弟子。

后人没见春秋刀剑多么锋利，就会嘲笑那时的人多么胆怯。同样的道理，我们要求孔子强化独立知识人的品格，也是不切实际的。面对野蛮强横的统治集团，他一生言说的是"仁政"，是儒学的核心"爱人"，这已经很顽强很耿勇了。大勇需要大慎，不然就不能存活，也谈不上作为，道理就这么简单。

可是在人类历史上，生存的策略与智慧往往是不被原谅的。

历史的评判也存在审美的问题。在美学品格上，悲剧总要高于喜剧，也要高于正剧。那些不顾一切撞碎自己的人是永恒的，他们才是真正的、无可争议的丰碑。这没有异议。我们当然歌颂伟大的牺牲者。

但我们还要看到另一些牺牲者。

对比不同的生命轨迹，孔子的车队、他和弟子的劳碌，能算是牺牲吗？可能上升到这个层面有些勉强。因为车队驶向的毕竟是殿堂，是权力。这道蜿蜒的车辙太深了，所以几千年间，朝野上下都可以明白无误地指着地上说："看到了吧？他们这些人，都是来加入的！"

"加入"者的形象，就此被固定下来。

"加入"后，他们会做一些不同的事情，但首先还是要"加入"。这样，他们有意无意地为后来者确立了一个榜样、一种人生指向：努力学习，掌握本领，然后找机会"加入"。

人们出于一万个理由，比如对专制集团的深恶痛绝，对"加入"者永不原谅。而专制集团每一次对"加入"者的赞扬，都会进一步加剧这种不原谅。其中有什么错吗？没有。谴责的大方向是不会错的，因为"加入"本身就是错的。

可是当年的孔子迟迟没有迎来这样的认识，这正是他的悲剧。

我们先来认定这个悲剧，然后再寻找其中的原因。这个路径不可弄反。就此，我们也许发现，一代代专制统治者吃孔子和儒学的"豆腐"，原来是深有缘由的，一切并非空穴来风。

孔子在民众与君王中间选择和徘徊，最后没有成为第三支力量，而是走入了统治者的庙堂。实际情形是，他认为与上层人物才有话说，说得通，并且还会有效果。

不出预料，他失败了，而且屡试屡败。所以他最终还得回到故里，做自己更擅长的老本行：著述和教育。可惜这已经太晚了，不仅年事已高，而且给遥远的后代留下了许多口实，被他们不断地诟病。

在我们的文化中，官本位的形成已积重难返，孔子及儒学难辞其咎。这从另一个方面说明，儒学与一种族群文化存在的血缘关系，是无法更易的事实。这终究变成了一种可怕的文化，使一个族群丧失了一个大机会：走向现代。

言说的资格

一代代言说孔子，耗费成吨的言辞。这种言说，借用鲁迅的一句话，叫作"战斗正未有穷期"。一直说下去吵下去，真的像一场战斗。围绕孔子及儒学的各种争执和讨论从来没有停止过，到了出版业极为发达的现代，有关著述已经堆成了山峦。它们主要来自学院和"道场"。

真正关心儒学的人，不是增多而是减少了。在数字时代，人们真正面向的是世界性的、更外向更直接的当下生存，伴以视听刺激，对古老的本土学问已经没有太多好奇心。这些学问基本上被当成抽象的概念搁置起来了。

不过说到传统文化，没有比儒家声量再大的了。许多人恍惚觉得这是与"现代"对立和对应的一种学说、思想，或者是一个符号、一个象征、一个代表，甚至是一种号召。于是，人们对它只需应付，而不必认真对待。

这是一种学问和学术走到可悲境地的表现。

亲近孔子及学说的人固然还有，有时数量也还可观，但往往固定在一个特别的范围内，有较强的目的性。这大致是为了专业的需要，或遵行某种社会需求。真正出于求知的责任进入儒学的，数量还太少。

现在，没有言说儒学的能力或资格，并不妨碍言说。所以我们看到了太多言不及义、浮浅和似是而非，不想深入也无法深入。儒学在这里已成为一门馊学，即变质的学问。

毋庸讳言，论断孔子及儒学，在数字时代是费力不讨好的事情。因为学问总与利益连在一起，凡事都要权衡，不讨好也就不必谈：怎么谈都不对、不合时宜。

从另一方面看，也正因为这样，才需要更认真地谈一谈。

几千年来专制王权对儒学的不懈努力，到大众不约而同的冷漠态度，二者相加一起，形成了儒学的基本面貌。儒学历经几千年来的官方化、正统化，早已无力从那个地方挣脱出来。既然如此，也就无话可说。"大众"总是好办的，他们很容易达成一致。成说既存，放在那里就好了。

另一方面，现代人形成了一些普遍认知，只是不愿说出：儒学等于迂腐和苍老，属于不可救药的过去时，它其实早就失败了。

在现代经验中，一种学术和思想引起了自然科学的萎落，那就一定是腐朽和堕落的，这种判断大致不错；但是，一种被改造和扭曲的学术与思想，它应该负担这样可怕的后果吗？

当然不能。

那么剥落与还原的任务，就永远存在，人们应该有勇气去面对它。

无论这个工作多么寂寞背时，都要去做。如若不然，那就只好拱手让给另一些人了。人云亦云最易混迹，所以要警惕专制集团千年流转中达成的共识，它无所不在，而且颇有"大众缘"。从这里，我们正可以稍稍体会一下孔子的心情，他与"大众"的关系。他对符号化的"大众"是心有抵触的，所以才说了"民可使由之，不可使知之"这句话。这其中大有深意、有哀伤。几千年来，这作为孔子的一个伤疤，被一次次提及，却未能触及它的实质。

对待"大众"的态度，我们对照一下即可发现，比起孔子，专制体制绝非如此：他们对抽象的"大众"从来极为推崇，却将具体的"大众"作为最残酷的剥夺对象；孔子不归属"大众"，却能将"爱人"作为言与行的核心，对弱者体恤深刻。

"大众"不是一种招牌和说辞，而是具体的人、个人。他们是与王权对应的广大民众。凡以"大众"为名头，实际上施以残酷掠夺的，就没有资格言说孔子。

抽离了儒学的核心，躲闪和撤除其重点的人，没有资格言说孔子。

依附和环绕于专制统治的无良文人，不具有言说的资格。

许多人寄希望于那些稍稍寂寞的刻板人士，迷信他们的"有本之学"，最后会发现这些人热衷和熟稔的，不过是搬弄账本的"会计工作"。他们习惯了光线暗淡的库房，没有温度也没有态度。这些人很难言说孔子。孔子多么热情啊。

言说孔子是朴素的事情，只要能够追求真理。

我们面对频繁出入"道场"的人，或许会想起孔子的一句提醒："巧言令色，鲜矣仁！"译为现代汉语，大意是："那些能说会道的家伙，很少有什么好东西！"

认真朴拙的探究和交流，也会有声音，有方向，有局限。这就带来了一种两难和悖论：读者对作者的逆向影响。它会改变原典，造成不可避免的后果。因为任何声音都要汇入洪流，都要淹没和被淹没，哪怕是一线小小的微脉。

作为后来者，怎样审慎地表达，不计得失又矜持有据，可能很纠缠。不过，只当一个哑然失语的旁观者，也会感到痛苦不安。

将扳手揩亮

我们还记得前面说过的孔子车队、车上的装载：除了一些旅行用品，如一点水和食物，还有令人生疑的"金属扳手"。这当然是一种想象和比喻。孔子和他的弟子以前在庙堂里干过，对这架隆隆转动的庞大机器还算熟悉。他们在机房里忙碌，手里并非只有抹布和油壶，还有藏在身后的一把"扳手"。

他们总想寻一个间隙，按照自己的愿望改装这台机器。最后当然是失败了。

他们被庙堂逐出，从此开始了永远的流放。整个历史故事像预先编排好的情节，却没有什么戏剧性巧合。

后来的儒家越来越懂事，很少莽撞，至少看上去更像一个个殷勤的侍应生。但家族血脉的力量还在，也就不会安分。那是相当执拗的性格，这使他们时而流露忤逆。作为"正儒"，骨子里就是一些拆毁的家伙，生来如此，所以不会满足于什么修修补补的工作：只要一有机会，他们就会操起家伙干一场。

在统治者看来，这些"正儒"们的确是非常可怕的一伙。如同孔子所言，他们一个个"文质彬彬，然后君子"，在一副稳健有礼的面貌之下，藏下了一颗狂野的心。他们都很性急，但也能隐忍，孔子就说过："小不忍则乱大谋。"这些人在时光的飞速流逝中终究还是焦躁起来，这通常是他们暴露真容的原因。

历代统治者为难的是，让他们厕身殿堂，终会成为隐患；将他们安置在一个稍远的地方，又有另一种危险。所以怎样归置这批人，从来都是一个历史和现实的双重难题。追溯到很早以前的秦代，那时候对付儒生们十分简单，尽管粗暴了一些，却也干脆有效：把书烧掉，把人埋掉。书是最坏的东西，所有混乱烦琐都源自一行行文字，这是共识。秦代把焚书坑儒的事情办完，揩去手上的血迹，然后直接宣示："以吏为师。"

权力成为准绳，庙堂还有什么不固之理？然而后来发生的事情却怪异到极点：秦代成为历史上最短命的王朝。这一不可更易的史实，让那些颂扬"大秦"者痛苦而又费解。

"暴秦"成为一个可怕的符号，是诅咒的对象。后世王朝仍旧是一架专制机器，不同的是零件和材质已经迭代更新。相同的一点是要全力保证它的运转，不能让其停息。这就需要维护这台机器的巧匠良工，时刻注意运转的杂音，必要时就得动用扳手：将松动的螺丝拧紧。

可见，庙堂里同样需要扳手，但必须掌握在自己人手里。

"暴秦"之后的政体有一段宽松，那是观望期和应对期，是短暂的缓和。恐惧和紧绷才是常态，因为统治的本质只能如此。穷于治乱，东厂西厂，锦衣卫和文字狱，诸如此类。杀伐不绝，铁血依旧，不同的是"仁政"挂在嘴边的时间多了，"爱人""民贵"不绝于耳。

有论者曾认为，长期以来，王权体制外用"儒家"之名，内行"黄老"之实。说得煞有介事，然而绝非事实。真实情形是它从来不敢"无为"，骨子里流动的仍是"暴秦"冷血，不同的是要在外面敷裹一层"儒学"，也就是"伪儒"。这二者合而为一，才是百试不爽的治略。

冷酷的内质，仁慈的外表，只在某个关头才显露狰狞。

冷血与"伪儒"的合体，成为人类文明史上最绝望最黑暗的文化，没有之一。这种文化的存在，将使族群窒息，再也谈不到其他。

这正是现代人痛恨"儒学"的本因。需要一辩的是，这种对应关系并不准确，严格讲是一种错位。我们还需要更多的理性。讲来道理十分简单："伪儒"并不等同于"正儒"。

我们说到孔子身后的大儒，常要提到张载和他的"横渠四句"："为天地立心，为生民立命，为往圣继绝学，为万世开太平。"它搭配严整，掷地有声，自古以来感动了无数仁人志士，但也招来不少嘲讽。

这四句在说什么？要厘清，就要找到它的主语。有人认为它在言说高不可攀的目标和豪志，似乎很难成为一个人的事业指向和胸襟抱负，不是儒家，甚至不是人类自身所能抵达的。它分别说了"天地""生民""往圣""绝学""万世"，这些目标对应的不该是我们所熟知的个人和群体。

这里的主语虚席以待。它到底是什么？

我们知道，自西汉至宋，从"天人感应"到"天理"说，"天道"和"天"的概念已经确立。人们认为有一个超越的力量，它决定了天地间万事万物。张载的"天地"指世界或宇宙，"生民"指民众，"往圣"指那些能够倾听和感悟上天的转达者，"绝学"就是转达的内容。至此，四句话好像有一个潜在的主语。

如果使用最接近的字义，它应该是孔子口中"天何言哉"的"天"。

只有上苍才有这样的能力。将"横渠四句"看成张载个人或知识人的自我激励是直接而自然的，但"人"

不能代替上苍，"往圣"也不能，为"万世"开太平，为"天地"立心，为"生民"立命，也只有上苍。

四句话反映了自汉至宋的思想理路，不是虚掷的"大话"。从语义逻辑来看，它的显在主语当然是"儒家"和"儒学"，但其力量与信念之源，却来自上苍。

"横渠四句"堪比孔子的"匹夫"（"三军可夺帅也，匹夫不可夺志也"）与"朝闻道"（"朝闻道，夕死可矣"）说、孟子的"大丈夫"（"居天下之广居，立天下之正位，行天下之大道。得志，与民由之；不得志，独行其道。富贵不能淫，贫贱不能移，威武不能屈，此之谓大丈夫"）说，千古浩气，立言不朽。

夜深人静时，我们会听到旷野上隐隐传来的辘辘之声，这是孔子的车队。我们会想起车上的人，他们的焦渴和颠簸，他们藏起的"金属扳手"。

只要有机会，他们就会将"扳手"揩亮。

结束语

　　透过时光的茫茫烟尘，看着那个越来越远的背影，心绪纷乱。

　　孔子一生主要干了两件事：一是带出了一批杰出的弟子，言传身教并留下无比宝贵的一册记录；二是身在庙堂或在赶往庙堂的路上。他的最大成就显然是前者。后者出于治世的理念，还有急切求功的原因，耗去了大量珍贵的时间和精力。

　　他的进出庙堂，无非想让自己的理想落地。由于儒学的核心是"爱人"，这就与专制王权形成了本质的对立，合作终不可能。

他一生的省思行迹汇成"儒学",却要经受身后诸多歪曲和误识,演变成"伪儒"。这方面,他自身也有不可推卸的责任,即人与时代的局限,也由文化基因所决定。"儒学"所代表的最美好的东西,与世界其他族群都是相似的;而"官本位"等劣质文化却各有各的不同:在这一端,显出了极端的愚顽和无可疗救的腐败。

他晚年返回了过去的工作,与中青年时代的事业相接,也算一生的欣慰。

他是一位谨慎保守的变革者、专制王权隐忍的抵抗者、活泼丰腴的人、感性丰盈的艺术家、最能够与现代沟通的思想家。

他站在河边长叹:"逝者如斯夫,不舍昼夜!"

当年的那条河还在,它一直流到今天,还要流向未来。

2024年12月31日一稿

2025年1月17日二稿

2025年2月11日三稿

主要参考书目

《论语译注》，杨伯峻译注，中华书局1980年版。

《春秋左传注》，杨伯峻编著，中华书局1981年版。

《礼记集解》，孙希旦撰，沈啸寰、王星贤点校，中华书局1989年版。

《孟子译注》，杨伯峻译注，中华书局2008年版。

《国语集解》，徐元诰撰，王树民、沈长云点校，中华书局2002年版。

《史记》，司马迁撰，中华书局2010年版。

《荀子集解》，王先谦撰，沈啸寰、王星贤点校，中华书局1988年版。

《管子校注》，黎翔凤撰，梁运华整理，中华书局2004年版。

《老子注译及评介》，陈鼓应著，中华书局1984年版。

《庄子集释》，郭庆藩辑，王孝鱼整理，中华书局1961年版。

《商君书注译》，高亨注译，中华书局1974年版。

《韩非子集解》，王先慎撰，钟哲点校，中华书局1998年版。

《春秋繁露》，周桂钿译注，中华书局2011年版。

《四书章句集注》，朱熹撰，中华书局1983年版。

《韩昌黎文集校注》，马其昶注，马茂元整理，上海古籍出版社1987年版。

《周敦颐集》，陈克明点校，中华书局1990年版。

《二程集》，王孝鱼点校，中华书局2004年版。

《王阳明全集》，吴光等编校，上海古籍出版社2011年版。

《张载集》，林乐昌解读，国家图书馆出版社2022年版。

《宋明理学研究》，张立文著，中国人民大学出版社1985年版。